당신이 너무
YOUR TIME
바쁘다는 착각

더 이상 시간에 쫓기지 않는 사람이 되는 법

스즈키 유 지음 | 하진수 옮김

길벗

"항상 시간에 쫓기는 기분이야."
"좀 더 중요한 일에 쓸 시간이 생기면 좋겠어."
"한 번뿐인 인생, 이대로 살아도 괜찮은 걸까?"

시간 사용에 만족하지 못하는
모든 사람에게 추천합니다.

연구와 실험으로 확인된 과학적 근거를 바탕으로 시간이 늘 부족한 문제를 근본적으로 해결하고, 시간을 의미 있게 활용할 수 있는 구체적인 방법을 제시합니다.

시간 관리의 진실

< 진실 1 >

시간 관리법을 사용해도
업무 효율은 그다지 오르지 않는다.

< 진실 2 >

시간의 효율을 신경 쓸수록
업무 효율은 떨어진다.

< 진실 3 >

시간은 관리할 수 있는
대상이 아니다.

기존의 시간 관리 기술로는 왜 여전히 시간 부족에서 벗어나지 못할까?
24시간이라는 물리적인 시간의 벽을 어떻게 해야 할까?

당신의 시간이 부족한 원인은?

4×4 시간 감각 유형

Type A　금욕형 : 철저히 계획을 세워 일을 해내지만, 인생의 즐거움을 놓치고 있다.

Type B　용량초과형 : 항상 시간에 쫓겨 초조해한다.

Type C　무기력형 : 구체적인 동기 부여가 낮고 문득 정신을 차려보면 시간이 훌쩍 지나 있다.

Type D　간단추구형 : 쉽고 편한 작업만 선호하여 중요한 일이 진행되지 않는다.

Type E　걱정형 : 계획은 잘 세우지만, 실패나 패배를 두려워해 실천을 미루기 일쑤다.

Type F　자신만만형 : 어려운 작업도 과감하게 도전하지만 때때로 자신을 과신해 실패한다.

Type G　비관형 : 시간 관리에 허술하고 작업 중에 불안과 초조를 느낀다.

Type H　낙천형 : 시간 관리에 허술하고 어떻게든 될 거라는 생각으로 같은 실수를 자주 저지른다.

●

이 책에서는 시간 감각 유형 테스트(22쪽)의 결과를 바탕으로, 당신의 뇌에 새겨진 '시간 감각'을 진단하고 고쳐 쓰는 획기적인 방법을 제시합니다.

CHAPTER 2 | 시간의 실체 파헤치기

시간을 잘 사용하지 못하는 놀라운 이유

CHAPTER 3 | 미래를 수정하기

'미래 예상'의 정확도를 높이는 13가지 방법

CHAPTER 4 | 과거 다시 쓰기

'기억'의 정확도를 높이는 11가지 방법

CHAPTER 5 | 효율의 압박에서 벗어나기

시간을 '잘 사용하고 싶다'는 마음이 시간 부족을 일으키는 이유

CHAPTER 6 | 지루함 파고들기

당신의 시간 여유를 빼앗는 최대의 적

머리말
시간 관리 기술의 '불편한' 진실

인류가 시간을 효율적으로 사용하고 싶다는 욕망은 아주 오래 전부터 시작되었습니다. 고대 로마의 철학자 루키우스 안나이우스 세네카(Lucius Annaeus Seneca)는 "우리에게 주어진 시간은 짧은 게 아니라 그 대부분을 낭비하고 있을 뿐"이라고 말했고, 레오나르도 다빈치(Leonardo da Vinci)는 1490년에 이미 '투 두 리스트(To Do List, 할 일 목록)'를 활용했습니다. 19세기 초에는 미국의 한 출판사가 세계 최초로 스케줄 수첩을 인쇄했고, 비슷한 시기에 '시간 관리(Time Management)'라는 개념이 자리 잡았습니다.

시간을 효율적으로 사용하고 싶다는 욕망은 현대인에게도 있습니다. 과학 저널리스트인 저 또한 매일같이 시간에 대해 고민합니다.

'시간을 제대로 보내지 못하는 것 같아.'

'시간을 좀 더 의미 있게 쓰고 싶어.'

'중요한 일이 있는데 할 시간이 없네.'

'하기 싫은 일에 너무 많은 시간을 뺏기고 있잖아.'

시간을 어떻게 쓰느냐에 따라 인생의 성공과 행복이 결정된다는 것은 대부분 공감할 것입니다. 시간 낭비가 쌓이면 곧 인생의 낭비로 이어지니, 틀린 말은 아닙니다.

시간을 잘 사용하고 싶다는 욕망에 따라 출판과 미디어에서 '시간을 잘 사용하는 방법', 이른바 '시간 관리 기술'이 다양하게 소개되었습니다.

- 일의 절차를 효율적으로 만들어 빠른 시간에 작업을 끝낸다.
- 일을 작게 분할하여 자투리 시간을 활용한다.
- 불필요한 작업을 찾아내 거기에 쏟는 시간을 최대한 줄인다.
- 마감일을 신중하게 설정하고, 동기 부여를 높인다.

모두 기본적인 시간 관리 기술입니다. 일은 효율적으로, 행동은 최적으로 계획하여 시간 낭비를 줄여야 한다고 합니다. 애초에 현대인은 자유 시간이 압도적으로 부족하므로, 작업 속도를 한계까지 높이고 일정을 최적으로 계획하여 철저하게 시간 낭비를 줄일 수밖에 없다는 것입니다.

하지만 안타깝게도 기존의 시간 관리 기술들을 적용해 장기적인 효과를 느낀 사람은 많지 않습니다. 효과가 있다는 생각도 처음뿐, 시간 부담은 여전했고 얼마 안 가 다시 마감일을 못 맞추고 집안일을 방치하고 결국은 중요한 일에 손도 못 대는 상황으로 돌아가지요.

이렇게 시간 관리 기술에 별 효과를 보지 못해 고민에 빠진 사람은 많습니다. 맥킨지와 옥스퍼드 대학이 5,400건 이상의 IT 프로젝트를 조사한 연구에 따르면, 참가자 대부분이 나름의 시간 관리 기술을 실천했는데도 기한을 맞추지 못한 프로젝트가 3분의 1에 달했습니다. 시간 관리 기술을 쓴 프로젝트 대부분이 예상보다 3.5배나 많은 시간이 걸렸습니다[1]. 또 심리학 학생들을 대상으로 실시된 조사에서도, 시간 관리 기술을 써서 계획한 졸업논문을 예정대로 제출할 수 있었던 학생은 전체의 30%에도 미치지 못했다고 합니다[2].

이미 세상에 알려진 시간 관리 기술이 그렇게 많은데도, 여전히 사람들은 '시간을 어떻게 하면 잘 사용할지' 고민합니다. 그 이유는 무엇일까요?

수수께끼를 풀기 위해 시간에 관한 연구 2,000여 건을 조사했고, 인지과학, 심리학, 경제학, 의학 분야의 전문가 20여 명에게 시간 관리에 관한 최신 견해를 자문했습니다. 그 결과, 깨달은 사실은 이것입니다.

〔모든 사람에게 효과가 있는 시간 관리 기술은 아직 하나도 발견되지 않았다.〕

스케줄 수첩 쓰기, 할 일 목록 만들기, 작업 시간 기록하기, 마감일 설정하기……. 널리 알려진 시간 관리 기술은 많지만, 현 시점에서 '확실히 시간 관리 능력이 향상되는 방법'이라고 할 것은 없었습니다. 1장에서 자세히 서술하겠지만, 대부분의 시간 관리 기술이 별다른 효과가 없다는 평가를 받고 있으며, 애초에 제대로 검증조차 되지 않은 것들이었습니다.

의욕을 꺾는 것 같아 미안하지만, 시간 관리 기술에 대해 이 점을 확실히 해야 다음으로 넘어갈 수 있습니다. 바로 시간 관리 기술에 관한 '불편한' 진실, 즉 '모든 사람에게 통하는 시간 관리 기술은 없다'입니다. 많은 사람이 아직도 시간 관리에 대해 고민하는 것도 당연합니다. 아직 모든 사람에게 통하는 시간 관리 기술이 없으니까요.

그렇다면 시간을 잘 사용하고 싶다는 욕망을 충족하기 위해 과연 어떻게 해야 할까요? 그 답을 찾기 위해 다시 한 번 대량의 데이터를 분석하고 전문가와 인터뷰를 거듭해서 마침내 하나의 결론에 도달할 수 있습니다. 그 내용을 간단하게 정리하면 이렇습니다.

① 우리가 진짜로 신경 써야 하는 것은 시간이 아니라 '시간 감각'이다.

② 시간은 누구에게나 평등하게 주어지지만 '시간 감각'은 상황마다 차이가 있다.

③ 상황에 맞춰 '시간 감각'을 고쳐 쓰면 시간을 잘 사용할 수 있다.

당장은 확 와닿지 않을 텐데, '시간 감각'의 의미에 대해서는 뒤에서 자세히 다루므로, 여기서는 시간을 잘 사용할 수 있는 해결책이 있다는 점만 알면 됩니다.

'시간 감각'에 대한 결론에 도달하고 나서는, 누구나 실천할 수 있는 기법으로 시간 관리 프로그램을 구성하는 작업을 시작했습니다. 그렇게 완성한 프로그램을 많은 협력자에게 적용해 보았습니다. 직장인, 사업가, 교사, 운동선수, 학생 등 다양한 직업군에, 10대부터 60대까지 폭넓은 연령층에게 적용하여 그 효용성 정도를 확인했습니다.

결과는 기대 이상이었습니다. 프로그램 실천 후, 무려 95%의 참가자가 '예전보다 시간에 여유가 생겼다'라고 느꼈고, 92%는 '학업 성과가 올랐다', '마감 지연이 줄었다', '취미활동에 쓸 시간이 배로 늘었다' 등 전보다 개선되었다고 답했습니다. 그중에는 '따라 하기 어려웠다'라는 참가자도 있었는데, 그들의 의견을 토대로 더 많은 사람이 쉽게 활용할 수 있도록 프로그램 개선을 반복했습니다.

이 책은 이와 같은 연구 과정을 거친 최종 결과물입니다. '현 시점에서 시간 사용에 관한 최선의 과학적 견해'와 '실천적인 기법'을 조합한 내용으로, 성과를 올리고 싶은 회사원, 성적 향상을 위해 노력하는 학생이나 수험생을 둔 부모, 생활이 불규칙한 프리랜서 등 어떤 유형으로 일하는 사람에게든 도움이 될 것입니다.

사실 저도 이 책에 실린 방법으로 큰 성과를 이루었습니다. 그전에는 1년에 한 권 분량의 원고를 집필하는 것이 고작이었지만, 최근에는 1년에 서너 권 분량의 원고를 집필할 정도로 속도가 빨라졌습니다. 그뿐만 아니라 하루 평균 15편의 논문을 읽고, 2만~4만 자의 원고를 씁니다. 또 정기적으로 1회 90~120분의 동영상을 촬영해 업로드합니다. 이런 루틴을 무리 없이 유지하고 있습니다. 그렇다고 개인 시간을 희생하는 것도 아닙니다. 수면 시간과 운동 시간은 전혀 줄이지 않았는데도 독서, 영화 감상, 악기 연주 같은 취미를 즐길 여유 시간도 충분히 확보할 수 있었습니다. 이 모든 것이 '시간 감각'을 토대로 일상을 재정비한 덕분입니다.

이쯤에서 이 책의 구성을 간단히 살펴봅시다. 먼저, 1장과 2장에서는 '왜 우리는 시간 관리 기술을 잘 활용하지 못할까?'라는 문제를 생각해 보고, 과학적인 원인과 대책의 방향을 설명합니다. 3장과 4장은 실천편으로, 시간을 잘 사용하기 위한 구체적인 기법과 시간 관리 기술의 잠재력을 제대로 이끌어내는 방법을 익힙니다. 마지막 5장과 6장에서는 현대인을 괴롭히는 시간 부족의 원인을 근본적인 부분까지 파헤칩니다.

이 책의 흐름은 질병 치료에 비유할 수 있습니다. 예를 들어 당신이 독감에 걸려 며칠 동안 기침과 열에 시달렸다고 합시다. 이 경우에 우리가 할 수 있는 치료는 네 가지입니다.

① 진찰과 검사 : 자신의 몸에 일어난 증상과 원인을 조사한다.

② 증상 치료 : 해열제 등을 먹고 열이나 기침 같은 증상을 가라앉힌다.

③ 원인 치료 : 항균제 등을 써서 원인이 된 바이러스를 없앤다.

④ 체질 개선 : 식단이나 운동을 개선해 몸의 면역력을 높인다.

이 책의 1장과 2장은 진찰과 검사에 해당합니다. 우선 당신이 시간을 잘 사용하지 못하는 진짜 이유를 점검합니다. 이어지는 3장은 증상 치료에 가까운데, 할 일을 미루거나 마감일을 어기는 등 겉으로 드러나는 문제에 대처하는 법을 다룹니다. 4장은 인간의 기억이나 감정의 움직임과 같이 심층적인 문제를 다루므로 원인 치료와 비슷합니다.

5장과 6장에서는 우리가 마음속 깊이 품고 있는 개념이나 감각의 영역을 파고들어 '시간 부족' 문제의 근본적인 해결책을 찾습니다. 이는 체질 개선에 해당합니다.

이 책에는 다양한 기법이 실려있는데, 하나하나 순서대로 시도하기보다는 우선은 책을 끝까지 읽어보기 바랍니다. 이 책이 밝혀낸 '시간의 정체'를 충분히 이해한 후에 시도하는 편이 효과가 더 좋습니다.

소개하는 기법을 모두 시도할 필요는 없습니다. 26쪽의 '시간 감각 유형 테스트'의 결과를 참고하여, 자신에게 잘 맞을 기법을 장별로 한두 개만 골라보세요. 직감적으로 '이거 재미있겠는데?' 싶은 기법이 있다면 테스트 결과를 무시하고 시도해도 좋습니다. 일주일 이상 실천했는데 효과를 실감하지 못했다면 다른 기법을 시도해 보세요.

빨리 병을 치료하고 싶다며 초조해한다고 하루아침에 병이 낫지는 않습니다. 시간 사용법도 마찬가지입니다. 실생활에 적용한 다음에는 서서히 변화를 지켜보며 각각의 결과를 확인해 보기 바랍니다.

이 책을 제대로 활용하기 위해 가장 필요한 것은 '실험에 몰두하는 과학자'와 같은 진지한 자세라고 할 수 있습니다. 필요한 정보를 전달하는 것은 저자의 몫이지만, 그것은 어디까지나 동료의 조언 같은 것입니다. 실험을 거듭해 답을 찾아내는 작업은 자신만이 할 수 있습니다. 부디 과학자와 같은 태도로 이 책을 활용하길 바랍니다.

자, 첫 번째 단계입니다. 당신이 시간을 보내는 데 어떤 특징이 있는지 22쪽의 '시간 감각 유형 테스트'로 진단해 보세요.

시간 감각 유형 테스트

질문을 읽고 깊이 생각하지 말고 가능한 한 솔직하게 답해주세요. 각각의 문장에 '내가 어느 정도나 해당될까?'를 생각해 보고 5점 만점으로 평가합니다. 전혀 해당되지 않으면 1점, 완전히 해당되면 5점입니다.

	질문	점수
1	몇 년이 지나도 결과가 나오지 않는 작업도 중요하면 할 수 있다.	
2	문제가 생길 것 같으면 눈앞의 일에서 벗어나 바로 대처할 수 있다.	
3	미래의 행복을 얻기 위해서라면 당장의 행복을 희생해도 상관없다.	
4	지나간 기회를 놓친 것을 자주 후회한다.	
5	매력적인 기회를 잘 즐기지 못하는 경우가 많다.	
6	갑작스러운 변경이 있으면 당황해 어쩔 줄 모른다.	
7	작업할 시간이 충분하지 않으면 허둥댄다.	

8	작업의 우선순위를 매기는 것이 서투르다.	
9	압박감이 들어서, 작업을 시작하기까지 시간이 걸린다.	
10	할 일은 많은데 보람이 별로 없다.	
11	할 일에 걸리는 시간이 적어 곤란한 적은 거의 없다.	
12	스케줄을 잘 짠다는 말을 자주 듣는다.	
13	계획을 세울 때 장애나 변수를 반드시 고려한다.	
14	나의 소망만을 토대로 계획을 세우지는 않는다.	
15	작업의 세세한 순서를 생각하는 것이 특기이다.	
16	옛날 일을 생각하면 보람찬 기분이 든다.	
17	일이나 공부를 잘하는 사람으로는 별로 평가받고 싶지 않다.	
18	괴로운 과거 경험이 머리를 스치는 일은 거의 없다.	
19	결정을 내릴 때 주위의 사고방식이나 환경에 휩쓸리지 않는다.	
20	작업 전에 '이건 내 능력 밖이야'라는 생각은 안 한다.	

모든 질문의 대답이 끝나면 다섯 개씩 점수를 더합니다.

점수 합계를 25쪽의 그래프에 적어 넣고 당신의 '시간 감각'을 판단해 보세요.

- 질문 1~5의 점수 합계 = **미래 그래프의 세로축**
- 질문 6~10의 점수 합계 = **미래 그래프의 가로축**
- 질문 11~15의 점수 합계 = **과거 그래프의 세로축**
- 질문 16~20의 점수 합계 = **과거 그래프의 가로축**

예를 들어 질문 1~5의 점수 합계가 20점이고, 질문 6~10의 점수 합계가 5점이라면, A의 '금욕형'에 해당합니다. 질문 11~15의 점수 합계가 15점이고 질문 16~20의 점수 합계가 20점이라면 F의 '자신만만형'에 해당합니다.

이러한 분류는 '미래를 예상하는 유형(A, B, C, D)'과 '과거를 기억하는 유형(E, F, G, H)'이 조합되어, 사람마다 '시간 사용법'에 차이를 가져옵니다. 예를 들어 '금욕형+자신만만형' 혹은 '간단추구형+낙천형'과 같은 식으로 조합이 되는데, 조합별 차이를 참고하면서 그에 맞는 대책을 생각할 필요가 있습니다. 자세한 내용은 3장과 4장에서 다루겠습니다.

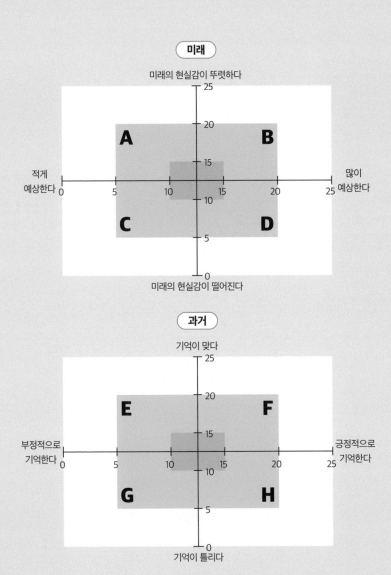

A 금욕형	자신이 세운 계획대로 일을 해내는 것은 잘하지만, 때로는 너무 부지런해서 눈앞의 기쁨을 놓치고 삶의 행복을 못 느끼는 경우도 많은 유형입니다.
B 용량 초과형	항상 여러 일에 쫓겨서 초조, 불안, 압박감에 사로잡히기 쉬운 유형입니다. 그렇다 보니 결코 시간 관리 기술이 서투른 게 아닌데도 항상 자신의 행동에 만족하지 못합니다.
C 무기력형	무엇을 해야 하는지가 항상 흐릿해서 장기 프로젝트에 흥미를 못 느낍니다. 그 때문에 무기력하고 어느 것에도 의욕이 안 생겨 고민입니다.
D 간단 추구형	중요한 일과 그렇지 않은 걸 분별하는 게 서툴러서, 일단 간단한 작업에만 손대는 유형입니다. 장기 프로젝트를 진행할 경우 정체되기 쉬운 경향입니다.
E 걱정형	자신감이 낮기 때문에 프로젝트 실패나 다른 사람의 비판 등이 두려워서 곧바로 작업을 시작하지 못하는 유형입니다. 그래도 일단 일을 시작하면 의외로 계획을 세워 착착 잘 진행하는 경향입니다.
F 자신 만만형	자신감이 높기 때문에 어려운 일도 주눅 들지 않고 임하는 유형입니다. 그러나 자신의 능력을 너무 믿은 나머지 필요한 도움이나 자원을 얻지 못해 실패하는 경우도 있습니다.
G 비관형	시간 계획을 잘 못 짜고, 과거의 자신에 대해 부정적인 생각이 강하기 때문에 기분이 침체되거나 짜증에 시달리기 쉬운 유형입니다. 기분이 가라앉기 쉬운 탓에 일에 대한 의욕도 떨어지기 쉽습니다.
H 낙천형	일에 필요한 시간을 짧게 잡는 경우가 많고, 자신의 능력에 의심을 품지 않는 탓에 기한을 어기기 쉬운 유형입니다. 과거의 실패를 활용하는 게 서투른 유형이라고도 할 수 있습니다.

시간 감각 유형 테스트에 대해 사람들이 자주 묻는 질문은 아래와 같습니다.

· 테스트 점수는 높을수록 좋은가요?

시간 감각 유형 테스트는 만점에 가깝다고 좋은 것이 아닙니다. 미래를 강하게 많이 예상하는 '용량초과형'은 불안에 시달리는 경향이 있습니다. 마찬가지로 과거 기억이 정확하고 긍정적인 '자신만만형'은 과한 자신감으로 인한 문제가 생깁니다. 어느 유형이든 단점이 있어서 '몇 점이 최고'라고 할 기준은 없습니다.

다만 대부분의 경우, 항목별로 점수가 15~20점대이면 시간 관리 기술을 안정적으로 잘 구사하는 경향이 있습니다. 일단은 15점보다 조금 위를 목표로 하면 좋을 듯합니다.

· 모든 항목의 점수가 12~13점인데 괜찮나요?

드문 경우이지만, 때때로 모든 항목이 중간인 사람도 있습니다. 이는 '중간형'으로, 모든 요소를 얕게 갖춘 유형이라 할 수 있습니다. 테스트에서 중간형이 나온다면, 미

래 예상이 어긋날 때와(3장) 과거 기억이 어긋날 때(4장)
에 대응하는 방법을 실천하여 각각의 점수를 15~20점이
되도록 신경 써보세요.

・각 유형은 한 번 정해지면 바뀌지 않나요?

당신의 시간 감각 유형은 고정이 아닙니다. 3장부터 다
루는 각종 기술로 바꿀 수 있습니다. 당신에게 적합한
기술을 통해 시간 감각 유형을 적절한 수준으로 바꾸어
나가세요. 이것이 바로 이 책의 목적입니다.

작업의 종류나 주변 환경에 따라 시간 감각 유형이 바뀌
기도 합니다. 집에서는 무기력형이지만 회사에서는 자신
만만형인 경우도 있습니다. 이와 같이 상황에 따라서도
시간 관리 기술이 달라집니다.

이런 차이는 시간 감각 유형 테스트로 파악할 수 없습
니다. 만약 유형이 일정하지 않다면 일을 시작하기 전에
'지금은 어느 쪽 유형에 가까울까?'를 생각해 보고 그 유
형에 맞는 기술을 적용해 보세요.

CHAPTER 1

시간 관리 기술의
함정 깨닫기

모두가 잘못 알고 있는 시간 관리 기술의
3가지 진실

"지혜의 9할은 시간에 대해 현명해지는 것이다."
Nine-tenths of wisdom is being wise in time.

시어도어 루스벨트(1958-1919)
정치인
Theodore Roosevelt
Statesman

모두가 잘못 알고 있는
시간 관리 기술의 3가지 진실이란?

"시간은 돈이라는 마음가짐을 갖춰라."

미국 정치인 벤저민 프랭클린(Benjamin Franklin)이 1748년 자신의 에세이에 쓴 문장입니다. 벤저민 프랭클린은 18세기부터 세계에 널리 퍼진 '합리주의'를 상징하는 인물로, 시간의 중요성을 강조하는 말을 여러 개 남겼습니다.

"시간을 낭비하지 말라. 인생은 시간이 겹겹이 쌓여 이루어진 것이니까."
"시간을 헛되이 보내지 말고 항상 무언가 유익한 일을 해야 한다. 무익한 행동은 끊어버려야 한다."

이후 벤저민 프랭클린의 태도는 자본주의 사회를 대표

한다고 여겨졌고, '시간은 금이다'라는 슬로건이 되었습니다. 시간을 효율적으로 사용하는 것이야말로 최고의 미덕이며, 시간 낭비는 신의 뜻을 거스르는 것이나 다름없는 악덕이라고 여기는 사고방식이 전 세계에서 공감을 얻었습니다. 그 사고방식은 뿌리 깊게 박혀 지금까지 이어졌습니다. 그래서 현대인 중에 시간 관리의 중요성을 의심하는 사람은 없을 것입니다.

하지만 아인슈타인도 말했듯이, '상식이란 세상에 믿을 만한 근거를 갖지 못한 것'입니다. 시간 관리 기술에도 이 말이 들어맞습니다. 세상에 전해지는 시간 관리의 상식이, 실제로는 명확한 근거가 없는 경우가 많습니다.

아무리 최신 시간 관리 기술을 익혀도 그 근거가 틀리면 의미가 없습니다. 그래서 우선 시간에 대한 3가지 진실을 짚고 넘어가 봅시다.

진실 ❶ 시간 관리 기술을 사용해도 업무 효율은 그다지 오르지 않는다.

진실 ❷ 시간 효율을 신경 쓸수록 업무 효율은 떨어진다.

진실 ❸ 시간은 관리할 수 있는 대상이 아니다.

설마라고요? 3가지 진실의 전제들은 모두 시간 관리 기술에서 전혀 의심할 여지가 없다고 여겨진 고정 관념들입니다.

그런데 최근 연구를 통해 모두 크나큰 착각에 불과하다는 사실이 밝혀졌습니다. 이런 오해에 사로잡혀 있는 한 언제까지나 시간에 쫓기는 상황에서 벗어나지 못할 것입니다. 이제부터 우리가 왜 이러한 오해를 하고 있는지에 대한 이유를 알아보겠습니다.

진실 ❶ 시간 관리 기술을 사용해도 업무 효율은 그다지 오르지 않는다

달력에 스케줄을 표시하고, 할 일 목록을 만들고, 메일 보내는 시간을 설정하고, 작업 시간을 계산하는 등 세상에는 시간 관리 기술이 셀 수 없이 많습니다. 저마다 '이 기술로 시간을 효과적으로 쓸 수 있다'고 주장합니다.

하지만 머리말에서도 가볍게 언급했듯이, 사실 이 시간 관리 기술들은 어느 것도 별다른 근거가 없으며, 오히려 업무 성과 개선에 효과가 없다는 보고도 꽤 많습니다.

당장은 믿기 어려운 이야기일 수도 있습니다. 하지만 시간 관리 기술의 효과를 조사한 여러 연구를 보면 각각의 시간 관리 기술과 업무 성과 사이에 약간의 상관관계밖에 발견하지 못한 것은 틀림없는 사실입니다.

캐나다의 콩코르디아 대학 연구팀이 2021년에 실시한 조사를 살펴보겠습니다. 연구팀은 1980년대부터 2019년까지 발표된 시간 관리 기술 관련 연구 158건을 선택해 약 5만 3,000명분의 데이터로 메타분석을 실시했습니다[1].

메타분석이란 과거에 실시된 여러 연구 데이터를 정리해 큰 결론을 내는 분석 방법입니다. 데이터를 대량 사용하는 만큼 정확도가 높아지므로 하나의 연구를 참조하는 것보다 확실한 결론을 얻을 수 있고 그만큼 신뢰도도 높습니다.

연구팀은 자료 분석을 통해 기존의 시간 관리 기술을 세 가지 종류로 나누었습니다.

⊙ **체계적으로 시간을 계획하는 기술**

어떤 활동을 언제 할지를 명확히 하는 시간 관리 기술입니다. 스케줄 수첩, 리마인딩, 투 두 리스트 등이 대표적인 예입니다.

⊙ **계획한 시간을 지키는 기술**

외부 장애나 변수로부터 시간을 지키는 데 특화된 시간 관리 기술입니다. 시간이 걸리는 의뢰 거절하기, 일찍 일어나 일하기, 업무 중에는 SNS 접속 차단하기 등이 있습니다.

⊙ **예외 상황에 대비하는 기술**

동료의 요청이나 갑작스러운 회의 등이 생길 수 있는 문제에 대비해 미리 대책을 세워두는 시간 관리 기술입니다. '급한 회의가 생기면 서류 작성은 다음 주로 돌리기', '급한 일을 요청받으면 경비 정산은 동료에게 부탁하기'와 같은 행동 지침을 만드는 방법이 일반적입니다. '계획에 하루 이틀 여유를 두기'도 이 기술에 해당합니다.

이 분류를 바탕으로 모든 시간 관리 기술의 효과를 분석했더니 이런 결론이 나왔습니다.

〔시간 관리 기술과 업무 성과 사이에는 'r=0.25'의 상관밖에 없다.〕

상관계수 r은 통계 분석에서 두 종류의 데이터들 사이에 얼마나 깊은 관련이 있는지를 나타내는 수치로, 여기서는 시간 관리 기술과 업무 성과의 상관관계 정도를 나타냅니다. 숫자가 1에 가까울수록 둘은 더 깊은 관계라고 보는데, 0.5 이상의 값이 나오면 '큰 관계가 있다'고 판단하는 게 일반적입니다.

예를 들어 맥주 판매량과 기온의 관계를 조사하면, 대개

'r=0.78' 정도의 큰 수치가 나옵니다. 더운 날 차가운 맥주를 마시고 싶어지는 것은 당연하니 그만큼 판매량도 많아지는 것입니다.

그런 점에서 시간 관리 기술과 업무 성과 사이의 0.25라는 수치는 미묘한 선입니다. '시간 관리 기술로 일의 행동력이 올라가긴 하지만 효과를 실감하지 못하는 경우가 상당히 많다'고 볼 수 있습니다. 여기서 일의 행동력은 상사가 내린 실적 평가, 업무에 임하는 동기 부여, 작업 처리 등으로 측정하는데, 이러한 지표에 시간 관리 기술은 뚜렷한 영향을 미치지 않았습니다.

게다가 콩코르디아 대학 연구팀은 다음과 같은 결과도 제시했습니다.

⊙ 공부 성과에 시간 관리 기술을 이용하면 그 효과는 더욱 낮아지고, 성적 향상은 기대할 수 없다.

⊙ 시간 관리 기술이 가장 큰 영향을 미치는 것은 '삶의 만족도'이며, '일의 보람'보다도 영향력이 컸다.

시간 관리 기술이라고 하면 대부분의 사람들은 일상적인

업무 성과를 올리는 걸 기대하는데, 실제로는 큰 효과를 얻지 못하며 자기 만족으로 인한 멘탈 개선에만 효과가 있다는 것입니다.

| 시간 관리 기술은 행복도를 높인다

시간 관리 기술의 효과가 입증되지 못한 실험은 그 밖에도 적지 않습니다. 독일의 뷔르츠부르크 대학 연구팀은 회사원들에게 시간 관리 기술을 알려주고 훈련을 시도했습니다[2].

- ⊙ 작업 목표를 설정해서 시간 내 달성에 힘쓴다.
- ⊙ 예상치 못한 문제에 대비하여 미리 대책을 세워 짜둔다.
- ⊙ 업무의 우선순위를 매겨 중요한 것부터 시작한다.
- ⊙ 필요한 작업을 전부 캘린더에 적어 시각화한다.
- ⊙ 작업에 걸린 시간을 전부 모니터링하여 다음 작업에 활용한다.

모두 기본이라 알려진 시간 관리 기술로, 시간을 잘 활용하고 싶은 사람이라면 한 번쯤 사용해 보았을 방법들입니다. 이렇게 다양한 시간 관리 기술을 조합해 적용하면 정말이지 어떤 효과가 나타날 듯 느껴집니다.

그러나 결과는 앞에서 언급한 메타분석과 큰 차이가 없었습니다. 어떤 시간 관리 기술을 사용했든 업무의 질과 양은 그다지 개선되지 않았고 마감일을 지킨 비율도 오르지 않았습니다. 효과를 인정받은 것은 실험 참가자가 느낀 업무 만족도뿐이었습니다.

이러한 결과에 대해서, 콩코르디아 대학의 메타분석을 다룬 브래드 이언(Brad Aeon)은 이렇게 말했습니다.

"보통 시간 관리 기술은 행동력 개선에 도움이 되고, 행복도 개선은 단순한 부산물에 불과하다고들 생각합니다. 그러나 연구 결과는 기존의 상식을 뒤집었습니다. 시간 관리 기술과 생산성을 연결하는 것은 의미가 없습니다. 시간 관리 기술은 오히려 행복도를 높인다는 것에 주목해야 합니다."

결론적으로 시간 관리 기술을 통한 생산성 향상의 효과는 적고, 스케줄링이나 작업 관리와 같은 널리 알려진 기술로도 별다른 성과가 보고되지 않았습니다. 그런데도 현대인들이 시간 관리 기술을 여전히 신뢰하는 것은 그것이 우리의 멘탈을 개선해 주기 때문입니다.

시간 관리 기술을 써서 매일 스케줄을 짜면 마치 자신의 인생을 자신의 힘으로 조정할 것 같은 느낌이 생기고, 그만큼 중요한 일을 해낸 기분이 들기 쉽습니다. 해야 할 일을 모두 다른 사람에게 지시받는 상황보다 자신이 직접 시간을 관리하는 삶이 더 기분 좋은 것은 틀림없습니다.

그렇다 해도 시간 관리 기술로 행동이 개선되는 수준은 미흡합니다. 역시 현 시점에서는 누구나 효과를 보는 시간 관리 기술은 존재하지 않으며 업무 효율보다는 자신의 행복도를 높이는 정도라는 것입니다.

진실 ❷ 시간 효율을 신경 쓸수록 업무 효율은 떨어진다

"분업을 통해 작업 효율을 높이면 생산성은 비약적으로 향상된다."

1776년, 근대 경제학의 아버지 애덤 스미스(Adam Smith)는 《국부론(The Wealth of Nations)》에서 효율화의 중요성을 강조했습니다. 산업혁명의 본질은 새로운 기술의 탄생에 있는 것이 아니며, 낭비를 줄이고 공정을 개선하는 효율화 추구라고 밝혔습니다.

이러한 사고방식은 경영학자 프레데릭 테일러(Frederick Winslow Tayor), 에드워즈 데밍(W. Edwards Deming)에게 계승되어 "효율의 추구야말로 미덕이다."라는 사상으로 이어졌습니다. 그들의 활동으로 인해 시간 관리 기술은 과학이 되었고, '적은 시간을 들여 어떻게 작업의 양을 늘릴 수 있을까?'라는 건 선진국의 원리원칙이 되었습니다. 이는 현대에도 변함이 없으며, 낭비를 줄이고 효율을 추구하는 것은 지금도 전 세계 비즈니스 스쿨의 주요 주제입니다.

인간에게 시간이 희소한 자원인 것은 틀림없고, 효율을 추구하는 작업은 경영자뿐만 아니라 모든 사람에게 필요합니다. 헨리 포드(Henry Ford)가 세계 최초로 조립 라인을 도입하면서 공장 생산량을 몇 배로 늘린 사례는 아주 유명하지요. 효율 추구로 산업혁명을 꽃피운 것도 사실입니다.

그러나 한편에서는 효율성을 중시하느라 오히려 일의 성과가 떨어지는 경우도 많다는 것이 최근 십여 년의 연구로 밝혀졌습니다. 그 이유는 크게 두 가지입니다.

| 시간 효율을 신경 쓸수록 판단력이 떨어진다

첫 번째 이유는 효율을 좇은 나머지 판단력이 떨어지는 문제입니다. 예를 들어 이런 경험을 한 적이 있지 않습니까? 몇 개의 회의를 연달아 하고, 짧은 시간에 대량의 메일을 보내고, 정신없이 업무를 처리하다 보니 시각은 벌써 저녁. 문득 생각해 보니 오늘 중으로 끝냈어야 할 중요한 기획서를 시작조차 하지 못한 것입니다.

효율을 따져서 짧은 시간에 여러 가지 작업 스케줄을 채워 넣은 결과, 정작 중요한 일은 깜빡 잊어버리거나 무리한 요청을 덜컥 받아들여 기한을 못 맞추는 등의 일은 흔하게 일어납니다.

이런 현상을 행동과학에서는 '터널링(Tunnelling)'이라고 부릅니다. 차를 운전하면서 음악을 듣고, 동시에 조수석에 있는 동승자와 대화하고, 심지어 차창 밖으로 지인이 걸어가는 모습에 정신이 팔린다면, 어떤 베테랑 운전자라도 사고를 낼 확률이 커집니다. 마찬가지로 효율성을 좇아 여러 가지 작업을 수행하다 보면 뇌의 처리 능력이 한계에 도달하고, 적절한 선택을 하는 능력이 떨어집니다. 이런 현상이 터널링입니다.

경제학자 센드힐 멀레이너선(Sendhil Mullainathan) 연구팀의 연구에 따르면, 터널링 상태가 된 사람은 IQ가 평균 13점이나 떨어진다고 합니다[3]. 이 수치는 잠을 자지 않고 하룻밤을 샜을 때 IQ가 떨어지는 수준과 비슷합니다[4].

일단 터널링에 빠지면 우리는 다음 행동을 하기 쉽습니다.

⊙ 간단한 작업만으로 만족해서 중요한 일을 하지 않는다

마이크로소프트가 영국에서 실시한 조사에 따르면, 효율성을 중시한 노동자의 77%가 메일의 수신함을 비우는 작업에 많은 시간을 보냈는데, 그럼에도 '생산적인 하루를 보냈다'라고 느끼고 있었습니다[5]. 또한 오하이오 주립대학 연구팀의 실험에서도, 효율성을 추구해 빠르게 작업을 수행하라는 지시를 받은 그룹은 그렇지 않은 그룹에 비해 작업 처리량이 약 22% 줄었습니다[6].

⊙ 전략적인 계획을 세우지 못한다

시간 효율을 신경 쓸수록 우리는 중심을 잃기 쉽고, 깊이 생각하지 않고 동료의 부탁을 받아들이며, 운동이나 학습 등 장기적인 배움을 게을리하기 쉽습니다. 그 때문에 터널링에 빠진 사람들의 대부분은 눈앞의 과제에 쫓겨 정신없이 분주하기만 하고, 정작 넓은 안목이 필요한 중요한 작업은 수행하지 못합니다.

효율을 좇는 사람일수록 터널링에 빠져 더욱 분주해지고, 그 뒤에는 '메일 수신함을 비웠다', '친구의 부탁을 들어주었다' 등의 사소한 자기만족만 남고, 정말 중요한 일은 놓칩니다. 그야말로 악순환인 것입니다.

| 시간 효율을 신경 쓸수록 창의력이 떨어진다

효율성을 중시했을 때 오히려 일의 성과가 떨어지는 두 번째 이유는, '창의력 저하'입니다. 시간 효율을 신경 쓸수록 좋은 아이디어를 떠올리기 어려워지고, 문제 해결 능력도 떨어지는 경향이 있습니다.

하버드 경영대학원의 심리학자 테레사 에머빌(Teresa M Amabile)은 7개 기업에서 177명의 직원을 모아 업무일지를 쓰도록 했습니다. 약 9,000개의 업무 일지를 토대로 177명이 일하는 방법을 분석하여 다음 사실을 밝혀냈습니다[7].

- ⊙ 시간을 강하게 의식하며 일한 날은 그러지 않은 날보다 창의적인 사고를 발휘한 확률이 45% 아래로 떨어졌고 프로젝트 성과도 낮았다.
- ⊙ 창의력 저하는 2~3일 후까지 계속되었지만 직원은 대부분 그 사실을 깨닫지 못했다.

효율을 좇아 시간을 신경 쓰다 보니 대부분의 사람은 사고를 확산할 수 없었고 그 때문에 최종적으로 성과까지 떨어져 버린 것입니다.

창조적인 아이디어가 나오려면 확산적 사고가 필요합니다. 이는 머릿속에 떠오르는 대로 이미지와 기억을 늘리는 식의 뇌 사용법으로, 마음과 몸이 편안한 상태일 때 잘 나타나는 경향이 있습니다[8].

확산적 사고법이 창의력에 필수적인 이유는 설명할 필요도 없을 것입니다. 독창적인 아이디어를 생각해 내기 위해서는 제임스 다이슨(James Dyson)이 제재소에서 톱밥을 분리하는 장치를 보고 청소기를 개발했듯이, 기존 지식을 새롭게 사용하는 방법을 찾거나 조지 데 메스트랄(George de Mestral)이 도꼬마리(국화과의 한해살이풀) 열매의 구조를 응용해 벨크로를 고안해 냈듯이 지금까지 없었던 신선한 조합을 찾아야 합니다.

그러려면 자유로운 이미지와 지식이 머릿속을 떠돌아 다니게 두고, 의외의 정보 결합이 일어나기를 기다려야 합니다. 샤워하는 동안이나 잠들기 직전에 좋은 아이디어가 떠오르는 것도 편안한 상태인 뇌가 확산적 사고로 전환되기 때문입니다.

반면 한 가지 일에 집중시켜 특정 정보에 뇌의 자원을 모두 사용하는 뇌 사용법을 '수렴적 사고'라고 부릅니다. 시간을 신경 쓰면서 투 두 리스트를 처리하거나 마감에 쫓겨 일정을 소화하는 등 눈앞의 작업에 계속 주의를 기울여야 하는 상황에서 당신의 뇌는 수렴적 사고로 전환되어 집중력을 높이는 방향으로 움직입니다.

안타깝게도 인간의 뇌는 확산과 수렴을 동시에 할 수 없는 구조여서, 집중력을 높이려면 창의력은 포기할 수밖에 없습니다. 즉 항상 효율성을 좇아 시간을 신경 쓰다 보면 우리는 수렴적 사고만 하게 되어 확산적 사고를 할 기회가 없어져 버립니다. 그 결과 창조적인 아이디어의 양은 줄어들고 결국 프로젝트 전체가 발전하지 못합니다.

맥킨지의 조사에 따르면, 업무의 70%에서 창조적인 발상이 필요합니다. 효율화가 모두 불필요한 것은 아니지만, 시간 낭비에 집착하다 행동력이 떨어지는 것은 사실입니다. 애초에 효율성 향상만을 목표로 한다면 새로운 효율화 아이디어조차 떠오르지 않을지도 모릅니다. 산업혁명 시대라면 몰라도, 이러한 방식을 현대적이라고 말할 수는 없을 것입니다.

진실 ❸ 시간은 관리할 수 있는 것이 아니다

모두가 잘못 알고 있는 시간 관리 기술의 진실 마지막은, 시간은 관리할 수 없다는 것입니다. 대부분의 시간 관리 기술은 실제로 시간을 잘 사용하는 것과는 관계가 없다는 진실부터 알아야 합니다. 뭔가 선문답처럼 들리겠지만, 말장난이 아닙니다. 세상에 쓰이는 모든 시간 관리법은 실제로는 시간 사용과 거의 관계가 없습니다.

그러나 이를 듣고 곧바로 이해하는 사람은 별로 없을 것입니다. 왜냐하면 우리가 캘린더에 일정을 적는 것은 그날의 시간 사용을 확인하기 위해서이고 작업의 우선순위를 정하는 것도 시간을 잘 분배하기 위함이기 때문입니다.

'시간 관리 기술은 시간을 잘 사용하는 것과는 관계없다'라는 사실을 이해하기 위해서 우선 '시간 관리 기술로 효과를 본 사람이 조금은 있는 이유'에 대해 생각해 봅시다.

앞에서 다룬 시간 관리 기술의 메타분석을 기억하나요? 이 분석 결과는 어떤 연구에서든 시간 관리 기술로 효과를 본 사람이 조금은 있음을 보여줍니다. 대부분의 사람이 효과를 얻지 못하는 중에도 시간 관리 기술로 능률이 올라가는 사람이 어느 정도는 꼭 있더라는 겁니다. 이러한 효과의 차이는 왜 일어날까요?

그 답을 찾기 위해 '아이젠하워 매트릭스(Eisenhower Matrix)'를 예로 들어 보겠습니다. 이는 전 미국 대통령 드와이트 아이젠하워(Dwight David Eisenhower)가 자주 썼던 시간 관리 기술로, 할 일을 '긴급도'와 '중요도'로 나누고, 그다음에 긴급도와 중요도가 높은 것부터 해나가는 것이 특징입니다.

중요도가 높은 일부터 시작하는 것은 당연하니, 언뜻 보기에는 흠잡을 데 없어 보이지만 현실에서는 잘되지 않습니다. 존스홉킨스 대학 연구팀의 실험에 의하면 '긴급과 중요'의 프레임워크를 능숙하게 구사할 수 있는 사람이 많지 않다고 합니다[9].

연구팀은 약 200명의 남녀에게 단순한 문장 입력을 지시하고 작업 조건을 두 가지 중에서 선택하게 했습니다.

⊙ **작업 1 중요하지 않지만 긴급함** : 보수는 12센트이며 5분 후 작업 선택 기한이 끝난다.

⊙ **작업 2 중요하지만 긴급하지 않음** : 보수는 16센트이며 50분 후에 작업 선택 기한이 끝난다.

아이젠하워 매트릭스를 사용할 필요도 없이 어느 쪽을 선택해야 할지는 명확합니다. 시간 여유가 있는 데다 4센트를 더 받을 수 있으니 작업 2를 선택하는 것이 확실히 이득입니다.

하지만 결과는 의외였습니다. 많은 사람이 5분 시간 제한에 강하게 반응하여 곧 선택 기한이 만료된다는 이유만으로 더 큰 금액을 기꺼이 포기한 것입니다.

연구팀은 이 현상을 '단순 긴급성 효과'라고 이름 지었습니다. 시간 제한이 있는 것만으로 '이 작업은 중요한 것임에 틀림없다'라고 판단해 버리는 심리를 말합니다. '더 중요한 것이 있다'라고 머리로는 알고 있어도 우리의 의식은 무심코 긴급한 작업으로 향하는 것입니다.

이것은 어느 나라 사람에게서나 볼 수 있는 심리로, 많은 사람이 건강이나 가족과 같은 인생의 중대사를 희생하면서 단지 '시간이 짧게 남았을 뿐'인 작업에 자원을 소비합니다. 즉 아이젠하워 매트릭스로 효과를 보려면 이 심리를 극복 해야 하는 것입니다.

그런데 이 데이터를 자세히 보면 재미있는 사실을 알 수 있습니다. 참가자 중에는 단순 긴급성 효과에 현혹되지 않 고 중요한 일을 선택한 사람도 있었던 것입니다. 그 사람은 어떤 사람일까요?

답은 '인생에서 중요한 것이 명확한' 사람입니다. 이 실험 에서는 '25달러로 아이에게 선물을 살 수 있다'라든지 '25 달러로 참고서를 살 수 있다' 등 보수를 자신의 인생과 연 결할 수 있는 사람은 단순 긴급성 효과의 덫에 걸리지 않고 이성적인 판단을 내리는 경향이 있었습니다.

요컨대 아이젠하워 매트릭스는 시간이 아니라 가치관을 관리하는 기술이라고 할 수 있습니다. '긴급과 중요'의 프레 임워크에 따라 시간 배분을 잘해서가 아니라, 삶의 가치관 을 다시 확인함으로써 의욕이 생기고 그 덕분에 생산성이 높아지는 것입니다. 비슷한 예는 더 있습니다.

◉ 생산성 연구의 일인자인 애덤 그랜트(Adam Grant)는

세상의 시간 관리 기술 대부분은 시간이 아니라 주의력을 관리한다고 했습니다[10]. 게다가 '시간 관리 기술은 생산성의 해결책이 되지 않는다'라고 단언합니다.

⊙ 사회심리학자 로이 바우마이스터(Roy Baumeister) 연구팀이 실시한 실험에서는, 투 두 리스트가 효과적인 이유는 시간을 효율적으로 쓸 수 있어서라기보다는 아직 못 끝낸 일을 종이에 써냄으로써 머릿속이 정리되어 '뭔가 남은 일이 있나?', '그 작업을 먼저 해야 하나?'와 같은 무의식의 불안을 줄여주기 때문이라고 결론지었습니다[11].

⊙ 텍사스 크리스천 대학의 애비 십(Abbie Shipp)은 개인의 시간 관점이 행동력에 미치는 영향을 조사했는데, 시간 관리 기술을 중요하게 생각하면 오히려 시간이 더 부족하다고 느끼고 인생에서 정말 중요한 활동을 하지 않는 문제가 있다고 지적했습니다[12].

⊙ 텔아비브 대학의 연구팀은 조사를 통해, 마감일을 정함으로써 생산성이 높아지는 사람은 '노력의 기회비용을 줄일 수 있는 능력'이 있기 때문이라고 보고했습니다[13]. 마감일을 정한 후 작업 속도가 빨라지는 것은

정해진 기한에서 남은 시간을 계산해서가 아닙니다.
마감일을 통해 스스로에게 '나는 다른 일을 할 시간이
없어'라는 인식을 강화시킵니다. 그 때문에 '당장 이
일을 집중해서 해내는 게 가장 효율적이야'라는 판단
을 내렸기 때문입니다.

| 시간 관리 기술은 생산성의 해결책이 될 수 없다

이러한 결론은 생각해 보면 당연합니다. 하루는 모두에
게 24시간뿐입니다. 아무리 스케줄을 잘 짜도, 아무리 소요
시간을 정확하게 계산해도 사용할 수 있는 시간은 한계가
있습니다. '시간 관리'라는 발상 자체가 잘못됐다는 건 아
니지만, 시간은 관리할 수 있는 대상이 아니라는 것은 틀림
없습니다.

예를 들어 불필요한 회의를 줄이고, 쓸데없는 잡담을 끊
어내고, 작업의 우선순위를 여러 번 확인한 후 최종적으로
캘린더에서 처리할 일을 전부 지워버리면 그 이상은 다른
방법이 없습니다.

게다가 이렇게까지 면밀히 계획을 세워봤자 예정대로 해
낼 수 있다는 보장도 없습니다. 그 앞에 터널링이나 단순

긴급성 효과 등의 장애물이 기다리고 있으면 소용없으니까요. 원래 물리적인 시간을 통제하는 데는 한계가 있으므로 거기서 더 나아가려면 시간 말고 다른 대상을 관리할 수밖에 없습니다.

시간 관리 기술은
무의미하다?

일단 지금까지의 이야기를 정리해 보겠습니다. 이번 장에서 다룬 기존의 시간 관리 기술의 문제는 다음과 같습니다.

① 모든 사람에게 효과가 있는 시간 관리 기술은 없다.

② 시간을 효율적으로 쓰려고 할수록 생산성은 떨어진다.

③ 대부분의 시간 관리 기술은 애초에 시간 사용과는 관계 없다.

이렇게 보면, 시간 관리에 대해 절망적인 생각이 듭니다. 수많은 연구 결과에서는 시간 관리 기술의 낮은 효과가 증명되었지요. 시간을 잘 사용하고 싶어서 이제까지 노력해 왔는데 오히려 효율이 떨어진다니 시간 관리 기술은 아예 필요가 없을까요?

CHAPTER 2

시간의 실체
파헤치기

시간을 잘 사용하지 못하는 놀라운 이유

"과거, 현재, 미래의 구별이란
당신이 고집스럽게 믿는 환상에 불과하다."
The distinction between the past, present and future
is only a stubbornly persistent illusion.

알베르트 아인슈타인(1879-1955)
이론 물리학자
Albert Einstein
Theoretical Physicist

시간의 흐름은
착각일 뿐이다?

"과거는 더 이상 존재하지 않고, 미래는 아직 존재하지 않는다. 그러므로 시간은 존재하지 않는 쪽으로 기울어져 있다."

4세기 로마의 철학자 아우구스티누스(Aurelius Augustinus)는 저서 《고백록(Confessiones)》 제11권에서 시간의 불가사의함에 의문을 제기했습니다.

이 말의 의미는 그리 어렵지 않습니다. 예를 들어 지금 이 책을 손에 쥐고 있는 당신이 '한 페이지 전의 문장을 읽었다'라는 '과거의 시간'을 체험해 보려고 아무리 노력해도 불가능합니다. 이미 과거는 지났고 당신이 느낄 수 있는 것은 언제나 '현재'밖에 없기 때문입니다.

이 관점은 '미래'에도 적용됩니다. 당신이 다음 페이지를 읽는 시간을 체험해 보려고 아무리 노력해도 불가능합니다. '미래'는 아직 오지 않았고 당신이 체험할 수 있는 것은 역시 '현재'뿐입니다.

이 관점을 바탕으로 아우구스티누스는 다음과 같이 생각했습니다.

"인간은 누구나 과거와 미래를 객관적인 것처럼 여긴다. 그러나 실제 시간은 모두가 생각하는 확고한 존재가 아니다. 그렇다면 시간의 흐름이란 사실 의식의 착각이 아닐까?"

과거도 미래도 머릿속에만 존재하는 데다 인간이 체험할 수 있는 것은 현재밖에 없으니, 애초에 시간이 흘러가는 감각이란 우리의 사고나 감정과 마찬가지로 의식이 만들어낸 허구의 존재가 아닐까 하는 생각입니다.

비슷한 의문을 품은 인물은 많았습니다. 기원전 4세기 철학자 아리스토텔레스(Aristoteles)도 《자연학(Physics)》 제4권 첫머리에서 "과거는 존재하지 않고 미래도 존재하지 않는다."라고 문제를 제기하며 다음의 결론을 이끌어냈습니다.

"시간이란 앞과 뒤에 관련된 운동의 수이다."

다소 난해한 표현인데, 여기서 말하는 '운동'은 '변화'와 거의 같은 의미입니다. 요컨대 우리 인간은 시간의 흐름을 경험하고 있는 것이 아니라 '태양의 위치가 바뀌었다'라거나 '얼굴에 주름이 생겼다'와 같은 일상의 변화를 시간의 흐름으로 인식하고 있다는 생각입니다.

하지만 아우구스티누스나 아리스토텔레스의 생각은 우리가 실제로 느끼는 감각과 상당히 달라 어렵게만 느껴집니다. 과거는 분명히 존재했고 미래는 확실하게 다가올 것임을 현대인은 누구나 실감하고 있기 때문입니다.

아우구스티누스와 아리스토텔레스가 말하는 것처럼 우리가 현재밖에 체험할 수 없는 것은 사실일지도 모릅니다. 하지만 그렇다고 과거나 미래의 존재를 의심한다고 하면 현대인의 대부분은 '그건 철학자의 말장난 아닌가?'라고 생각할 것입니다.

그런데 놀랍게도 최근 들어 아우구스티누스와 아리스토텔레스의 말을 뒷받침하는 연구 데이터가 늘었습니다. 현대 과학이 제시하는 이론에 따르면, 아무래도 시간이란 인간의 뇌 속에만 존재하는 가공의 개념인 것 같습니다. 어렵게 느껴지겠지만 일단 이런 관점도 있다는 사실을 받아들이면 됩니다.

시간 관리 기술로
정말 관리해야 할 것은 무엇일까?

고대 철학자들이 주장한 시간 이론이 왜 타당하다고 할 수 있을까요? 이에 대한 답을 생각해 보기 전에, 2장에서 지향하는 바를 확인해 둡시다.

1장에서 살펴본 바와 같이, 오늘날의 시간 관리 기술에는 결점이 많고, 누구에게나 효과가 있는 시간 관리법은 없으며, '효율 향상'이라는 생각 자체가 큰 문제입니다. 그렇다면 지금 당신이 시간을 잘 사용하지 못해서 고민인 것도 당연하겠지요.

그런데 이쯤에서 1장의 내용을 다시 확인해 보면, 사실 일말의 희망이 남아있음을 깨닫게 될 것입니다. 시간 관리 기술을 검증한 시험 데이터를 떠올려 보세요. 대부분의 실험 참가자가 생산성 향상에 실패하는 와중에도 효과를 본 사람이 몇 명 있었습니다. 그리고 그들은 이 3가지 점에 집중했습니다.

① 삶의 가치관

② 노력의 기회비용

③ 주의력 관리

시간 관리 기술을 통해 생산성이 향상된 실험 참가자들은 모두 시간 관리와는 무관한 이런 점들이 활성화되었고, 그 덕분에 효과를 본 것입니다. 그렇다면 시간 관리 기술이 활성화되는 지점들을 놓치지 않는다면 우리도 효과를 볼 수 있지 않을까요?

앞서 살펴본 것처럼 현대에서 널리 쓰이는 시간 관리 기술의 대부분은 먼저 특정 조건을 충족해야 효과가 있습니다. 표면적인 기술만 써서는 효과가 없습니다. 마치 뼈가 부러졌는데 감기약을 먹는 것과 같습니다. 그러므로 시간 관리 기술이 제대로 기능하는 조건을 알아내야 합니다.

즉, 정말 시간을 잘 사용하기 위해서 우리는 이것부터 생각해야 합니다.

〔시간 관리 기술로 정말 관리해야 할 것은 무엇인가?〕

이 문제만 해결하면 기존의 시간 관리 기술을 통해 효과를 볼 수 있습니다. 앞으로 이 부분을 더 깊게 살펴보겠습니다.

시간 관리 기술로 효과를 본 사람과
보지 못한 사람의 차이

시간 관리 기술로 효과를 볼 수 있는 조건을 판별하는 것은 간단한 작업이 아닙니다. 효과를 본 사람들의 '삶의 가치관, 노력의 기회비용, 주의력 관리'라는 요소는 빙산의 일각일 뿐입니다. 사회학, 심리학, 유아교육, 경영학, 소비자 행동학과 같은 다양한 분야에서 시간 관리 기술이 효과를 볼 수 있는 조건을 다룬 수백 개가 넘는 이론이 발표되고 있습니다[1].

조지워싱턴 대학의 심리학자 허먼 아기니스(Herman Aguinis) 연구팀은 시간 관리 기술의 효과에 대한 163편의 선행 연구를 분석하고 '시간 관리 기술 효과'에 차이가 나타나는 것을 이렇게 정리했습니다[2].

〔다양한 개인차가 시간 관리 기술 효과에 영향을 준다.〕

성격, 가치관, 환경 등을 포함한 다양한 요소가 시간 관리 기술의 효과를 좌우하는데, 이 모든 것을 통틀어 '개인 차'라고 표현했습니다.

그렇다면 시간 관리 기술의 효과에 영향을 미치는 개인 차는 어떤 것일까요? 대표적인 개인차 요소의 예를 몇 가지 들어보겠습니다.

⊙ **동시 작업 선호** : 특정 작업을 수행할 때 한 번에 하나씩 정리하는 것을 선호하는지, 멀티태스킹으로 처리하는 것을 선호하는지를 의미합니다. 하나씩 하는 타입은 일에 집중을 잘하지만 스케줄 변경에 흔들리기 쉽고, 멀티태스킹 타입은 스케줄 변경에 잘 적응하지만 주의가 산만해지기 쉬운 경향이 있습니다[3].

⊙ **공·사 영역 구분** : 업무 시간과 개인 시간 사이에 엄격한 경계선을 긋는 것을 선호하는지를 의미합니다. 업무 시간과 개인 시간을 나누고 싶은 사람에게는 엄격한 시간 관리 기술이 효과적이며, 그렇지 않은 사람에게는 양쪽 영역을 유연하게 왔다 갔다할 수 있는 시간 관리 기술이 필요합니다[4].

- **시간 평가** : 자신의 시간 가치를 얼마나 의식하는지를 의미합니다. '내 시간을 최대한 활용하고 싶다'라는 생각이 강한 사람일수록 시간 평가가 높습니다. 일반적으로 시간 평가가 높을수록 시간에 쫓기고 있다고 느끼고, 시간 관리 기술의 효과를 보기 어려워집니다[5].

- **시간 규범** : 당신이 소속된 국가, 조직, 커뮤니티가 시간 관리에 대해 어떻게 생각하느냐에 따라서도 시간 관리 기술의 효과는 달라집니다. 예를 들어 회사가 세밀한 계획을 세우는 걸 권장한다면, 이를 좋아하는 직원일수록 당연히 생산성이 올라가고, 반대로 맞지 않을수록 생산성이 떨어지겠지요[6].

- **시계를 보는 횟수** : 시간 경과를 의식할수록 마음은 더욱 초조해집니다. 그 때문에 인지 기능이 저하되고, 더 심해지면 시간의 흐름을 실제보다 빠르게 느끼게 됩니다. 객관적으로 남은 시간을 짐작하는 일에도 오차가 발생하기 쉽습니다.

- **체험한 일의 수** : 일정한 시간 내에 성격이 다른 다양한 작업이나 행사를 하게 되면 시간의 흐름을 느리게 느끼게 됩니다. 이 또한 최종적으로 시간 배분의 결정에

영향을 미치게 됩니다.

⊙ **감정의 강도** : 공포나 분노와 같은 부정적인 감정은 시간의 흐름을 느리게 느끼게 합니다. 강한 감정 때문에 우리 몸이 방어 모드로 전환되어 '이 상황에서 빨리 벗어나고 싶다'라는 마음이 강해진 결과, 평소보다 시간이 느리다는 기분이 드는 것입니다.

⊙ **신진대사와 체온** : 체온이 상승하면 우리의 체내 시계는 빨라지는데, 반대로 시간의 흐름은 느리게 느껴집니다. 신진대사가 원활할수록 활동량이 늘어나고 자연스레 같은 시간 속에서 일어나는 일의 수도 늘어나기 때문이지요.

개인차의 요소를 여러 가지로 살펴보았는데, 굳이 연구 데이터를 확인하지 않아도 사람마다 시간 관리 기술의 효과가 다르다는 것을 알 수 있습니다.

실제로 과거 위인들이 실천한 저마다의 시간 관리 기술에도 별다른 공통점은 보이지 않습니다[7]. 하루 1시간만 일하고 《순수이성비판(Kritik der reinen Vernunft)》을 집필한 칸트(Immanuel Kant), 아침부터 밤까지 오롯이 연구해

진화론을 만든 다윈(Charles Robert Darwin), 새벽 4시부터 자정까지 쉬지 않고 집필해 계몽 사상가의 선구자가 된 볼테르(Voltaire) 등 각자 나름의 방법으로 시간을 써서 위대한 성과를 거두었습니다.

예시로 언급한 개인차의 요소는 빙산의 일각에 불과합니다. 그 밖에도 '시간적인 문맥', '의사결정 스타일' 등의 요소가 발견되었는데, 자세히 살펴보자면 그것만으로도 책 한 권이 끝나버릴 정도입니다.

이 정도로 개인차 요소가 방대하기 때문에 시간 관리 기술 각각의 유효성을 일일이 따지는 것은 현실적이지 않습니다. 우리는 '시간을 잘 사용하고 싶다'라는 가장 중요한 목표를 가장 쉽고 간단하게 달성하는 것에 집중할 것입니다. 이를 위해 시간 관리 기술의 요점을 파악할 수 있는 프레임워크를 소개합니다.

어떻게 우리는 시간의 흐름을
체감할 수 있을까?

제대로 된 시간 관리의 프레임워크를 위해서, 이제부터 '시간이란 무엇인가?'라는 근본적인 의문을 파고들어 보겠습니다. 시간 관리 기술의 작동 조건을 통해 원하는 대로 시간을 관리하려면, 시간의 실체부터 파악해야 합니다.

길을 돌아가지 않고 당장 답을 알고 싶은 사람도 있겠지만, 그러면 문제는 해결되지 않습니다. 여러 번 살펴보았듯 대부분의 사람이 시간을 잘 사용하지 못하는 것은 애초에 시간에 대한 이해가 부족하기 때문입니다.

⊙ 시간의 흐름이란 어떤 현상인가?

⊙ 인간은 시간을 어떻게 파악하고 있는가?

⊙ '시간을 효율적으로 사용하는 것'은 어떤 행위인가?

이런 근본적인 수수께끼를 놔둔 채 문제만 해결하려는 것은, 아무 검사도 하지 않고 병을 치료하려는 것과 같습니다. 어떤 병이든 원인을 먼저 확인하지 않고서는 치료를 시작할 수 없습니다.

그렇다면 시간의 수수께끼를 생각해 보러 다시 아우구스티누스의 의문으로 돌아갑시다. 바로 '우리는 왜 시간을 느낄 수 없을까?'라는 문제입니다.

우리는 평소 시간의 흐름을 실감하고 있습니다. '시계를 보니 낮이었다', '달력을 보니 올해는 두 달밖에 안 남았다'와 같이 객관적인 지표를 근거로 한 체험은 물론, '시간은 과거에서 미래로 향해 간다', '지나간 시간은 두 번 다시 돌아오지 않는다', '올해 1년은 유독 길었다'와 같이 주관적인 체험을 하며 매일을 보냅니다. 하지만 이런 체험을 하면서도 아무런 의문을 품지 않습니다. 다 너무 일상적이기 때문에 신기하다는 생각도 들지 않을 것입니다.

그런데 한번 생각해 보세요. 이상하지 않나요? 우리에게는 사물을 보기 위한 눈, 소리를 듣기 위한 귀, 닿은 것을 감지하기 위한 피부 등 감각기관이 있습니다. 하지만 시간의 흐름에 대응하는 감각기관은 어디에도 없습니다.

시간을 체험하는 현상을 다른 감각에 비유해 보자면, 깜깜한 방 안에서 실내 모습을 샅샅이 살펴볼 수 있고, 진공 우주 공간에서도 음악을 들을 수 있는 셈입니다. 아무런 감각기관이 없는데도 인간은 누구나 시간의 흐름을 체험할 수 있으니, 아우구스티누스가 고민한 것도 당연합니다.

그야말로 수수께끼일 수밖에 없지만, 감각기관이 없는데 존재를 감지할 수 있다는 사실로, 인간이 느끼는 시간은 결코 물리적 성질을 가진 존재가 아니라는 점을 알 수 있습니다. '빛 입자의 이동'이나 '공기의 압력 변화'처럼 실체가 있는 게 아닌데도 누구나 시간의 흐름을 당연하게 받아들입니다. '시간 입자' 같은 물질이라도 찾으면 문제는 금방 해결되겠지만 물론 그런 것은 존재하지 않습니다.

일상에서 당연하게 체험하는 '시간', 그렇다면 우리는 대체 무엇을 감지하고 있는 걸까요?

인간의 뇌는 항상
확률을 계산하고 있다

물리적 실체가 아무것도 없는데도, 어째서인지 우리는 모두 시간의 흐름을 느낄 수 있습니다. 생각보다 매우 어려운 문제이지만, 고맙게도 최근에 시간의 수수께끼를 푸는 데 도움이 되는 아이디어가 등장했습니다. 바로 이것입니다.

〔인간의 뇌는 항상 확률을 계산하고 있다.〕

생체 시스템의 유지, 신체활동의 조정 등 인간의 뇌가 가진 다양한 작용 중 최근 인지과학에서는 '확률을 계산하는 기능'에 주목합니다[8]. 원래는 신경과학자 호러스 발로(Horace Barlow) 연구팀이 1950년대에 제안해, 그로부터 현재에 이르기까지 행동과학이나 인지과학 등 각 분야에서 타당성이 확인된 이론입니다[9].

확률이라고 하면 수학 시간에 배운 '경우의 수'나 '조합' 등의 말이 떠오를 수 있습니다. 여기에서 의미하는 확률은 뇌가 무의식중에 계산하는 모든 가능성을 말합니다.

좀 더 구체적인 예를 들어 생각해 봅시다. 문화가 전혀 다른 나라로 아무런 정보도 없이 여행을 떠났다고 칩시다. 언어도 화폐도 관습도 모든 것이 다르기 때문에 당신은 부딪혀가며 현지의 규칙에 적응하는 법을 배울 수밖에 없습니다.

그런 상황에서 느닷없이 나타난 남성이 당신 손에 침을 뱉는다면 어떻게 반응할까요? 사실 타인의 손에 침을 뱉는 풍습이 있는 부족이 실제로 있습니다. 케냐의 키쿠유족은 이 행위를 환영의 표현으로 사용합니다. 하지만 이런 사실을 모른다면, 대부분의 사람이 살짝 화가 나거나 당황할 테지요.

이러한 감정이 생길 때까지 당신의 뇌는 대략 다음의 사고 과정을 따릅니다.

① 상대방의 의도를 모르기 때문에 기억을 토대로 실마리를 찾으려고 한다.

② '동양에서 침을 뱉는 행위는 모욕이다'와 같은 정보

가 뇌에서 튀어나온다.

③ '그렇다면 이건 모욕일 확률이 높다'라고 추측한다.

어떤 상황이 생기면 우리의 뇌는 기억의 데이터베이스를 사용해 순식간에 계산을 시작합니다. 눈앞에서 일어난 현상이 과거의 체험과 들어맞을 확률을 계산해 그 결과를 바탕으로 자신의 반응을 형성합니다. 분노와 당황의 감정이 출력되기까지는 1초도 걸리지 않지만, 뇌 속에서는 이렇게 복잡한 데이터 처리가 이루어지는 것입니다.

뇌의 목적은
'인생의 확률' 파악이다

이야기를 이어서 해봅시다. 느닷없이 낯선 남자에게 침을 맞은 당신은 반사적으로 상대방을 노려보았습니다. 그런데 그 남자는 예상 밖의 반응을 보입니다. 친근한 미소를 지으며 당신의 손을 잡고 주변 가게를 안내하는 것입니다.

예기치 못한 상황에 처한 당신의 뇌는 다시 계산을 시작합니다.

① 상대방의 반응이 예상과 다르므로 '침을 뱉는 행위는 모욕이다'라는 첫 번째 추론을 수정한다.

② '이 나라에서 침을 뱉는 행위는 호의의 표시가 아닐까?'라는 새로운 가설을 세우고 첫 번째 추론과 합친다.

③ 그러나 한 남자의 행동만으로 결론을 내는 것은 위

험하므로 처음의 확률에서 조금 낮춰 '이 나라에서
는 80% 정도의 확률로 침 뱉는 행위가 모욕일 수도
있다'라고 추측한다.

재계산을 통해 어느 정도로 확률을 수정할지는 당신의
뇌에 축적된 데이터에 달려 있습니다. 과거에 우리나라에서
같은 일을 당한 적이 있는 사람이라면 '침 뱉기=모욕의 표
현'이라는 생각은 바뀌기 어려울 것입니다. 반면 해외 경험
이 풍부한 사람이라면 '이 나라에서는 독자적인 보디랭귀
지가 있을지도 모른다'라고 생각해 '침을 뱉는 행위가 모욕
일 확률은 30% 정도일 거야'라고 계산을 대폭 수정할 수
도 있습니다.

어쨌든 중요한 것은 인간의 뇌에서는 이런 식의 계산이
항상 이루어지고 있다는 사실입니다.

- ⊙ 하늘에 먹구름이 끼었으니 '70% 확률로 비가 올 거야'
  라고 판단했지만 맑았다.
- ⊙ '지각을 했으니 100% 혼나겠네'라고 생각했지만 아무
  일도 없었다.

⊙ 시험 공부가 부족했으니 '100% 떨어질 거야'라고 생
   각했는데 합격이었다.

이와 같이 뜻밖의 일이 일어날 때마다 인간의 뇌는 확률
을 재계산하여 확률 데이터베이스를 갱신합니다[10].

인간의 뇌에 '확률을 계산하는 기능'이 있는 것은, 진화
과정에서 인류의 생존에 도움이 되었기 때문입니다. 만약
인간의 뇌에 이 기능이 없었다면, 과거의 정보를 바탕으로
변수가 발생할 확률을 계산할 수도, 미래의 상황을 판단할
수도 없을 것입니다.

⊙ 수풀이 심하게 흔들릴 때는 맹수가 숨어있을 확률이
   높다.
⊙ 멀리에서 봉화가 피어오르는 것은 다른 부족이 습격
   했을 확률이 높다.
⊙ 장마 때는 고열이 나는 병의 발병률이 높다.

이렇게 약 600만 년 전의 세계에서는 과거의 체험 데이
터를 바탕으로 위기 발생률을 판단하는 능력이 생사를 갈

랐습니다. 인간의 선조들이 진화를 거듭하는 동안 뇌에 정확도가 높은 데이터베이스를 구축한 사람이 생존 경쟁에서 살아남을 수 있었습니다.

이러한 메커니즘을 평가하여 옥스퍼드 대학의 인지과학자 크리스토퍼 서머필드(Christopher Summerfield) 연구팀은 "우리의 뇌는 타고난 통계학자이다."라고 표현했습니다[11]. 말하자면 인간의 뇌란 자신이 체험한 사건을 토대로 통계분석을 실시하고, 이내 '인생의 확률분포'를 파악하려고 계속 도전하는 추론 기계인 것입니다.

당신이 경험한
'시간'의 실체

앞서 고대 철학자들이 제시한 시간의 수수께끼는 '인간은 현재를 체험하는 기능밖에 갖추지 못했는데, 과거에서 미래로 이어지는 시간의 흐름을 느낀다는 건 착각에 불과하지 않을까?'라는 것입니다. 시간에 대응하는 감각기관이 없는 인간은 늘 순간순간의 지금밖에 인식하지 못하는 상태, 이른바 '짧게 끊어진 현재'에 갇힌 상태입니다. 그런데도 우리가 시간의 흐름을 느낄 수 있는 이유는 무엇일까요?

그 답을 한마디로 정리하면 이것입니다.

〔인간은 '시간의 흐름'을 느끼는 것이 아니라, 세계의 변화율을 '시간'이라고 부르는 것이다.〕

예를 들어 자세히 설명해 보겠습니다. 빌딩 철거 전문가가 거대한 빌딩을 철거해서 그곳에 폐벽돌이 산더미처럼 쌓였다고 칩시다. 말하지 않아도 이 잔해 더미를 보면서 '이 폐벽돌들이 저절로 공중에 떠서 조립되어 훌륭한 빌딩이 세워질 것이다'라고 생각하는 사람은 없을 것입니다. 누구나 '빌딩을 철거해 생긴 벽돌 잔해군'이라고 생각할 것입니다.

이때 뇌에서는 다음의 정보 처리가 이루어집니다.

① '벽돌이 쌓인 장면'이라는 시각 정보가 뇌로 전송되고 '벽돌'에 대한 정보가 기억의 데이터베이스에서 검색된다.

② 기억의 데이터를 사용해 확률을 계산해서 '벽돌 더미는 원래 건축물이었을 확률이 높다'라고 추정한다.

③ 다시 비슷한 방식으로 확률 계산을 해서 '벽돌 잔해는 저절로 조립되지 않으니, 누군가가 치우지 않는 한 앞으로도 같은 상태가 계속될 확률이 높다'라고 추정한다.

짐작했겠지만, 2단계에서 나온 것이 '과거'이고 3단계에서 나온 것이 '미래'입니다. 두 가지 모두 '벽돌이 쌓인 장면'

이라는 현재의 정보를 바탕으로 가능성을 계산해 '과거 또는 미래 사건으로서 확률이 높은 세계'가 탄생했습니다. 이것이 당신이 일상적으로 체험하는 '시간의 실체'입니다.

시간 관리의
프레임워크를 찾는다

이해하기 쉽도록 비유해서 설명해 보겠습니다. 뇌가 시간을 만들어내는 구조는 한 장의 사진을 바라보며 과거와 미래를 생각하는 행위와 비슷합니다.

- ⊙ 자녀의 졸업사진을 보면서 '이렇게 작았는데 벌써 어른이 됐네'라고 생각하는 것.
- ⊙ 자신의 젊은 시절 사진을 보면서 '이땐 이렇게 날씬했구나. 살 빼야겠어'라고 생각하는 것.
- ⊙ 어젯밤에 찍은 저녁 식사 사진을 보면서 '맛있었으니까 다음에 또 먹어야지'라고 생각하는 것.

어느 사례든, 한 장의 정지된 이미지를 보고 여러 장면을 떠올리며 머릿속에서 과거와 미래를 생각합니다. 이와 마찬가지로 우리의 뇌는 '눈앞에 펼쳐진 한 순간의 장면'이라는 이미지를 단서로 확률을 계산하고, 그로부터 제공된 정보로 과거와 미래를 만들어내는 것입니다.

다만 뇌가 시간을 만드는 작용은 '한 장의 사진으로부터 과거와 미래를 생각하는' 것과는 처리 속도가 현격히 다릅니다. 인간의 뇌는 과거와 미래의 변화율을 계속해서 빠르게 계산하며, 우리는 그 과정을 시간이 흐른다는 감각으로 체험합니다. 영화관에서 초당 48컷의 정지화면을 연달아 보면 하나의 연결된 움직임으로 느끼는 것과 비슷한 현상입니다.

뇌가 가진 확률 계산 기능을 고려할 때, 우리가 느끼는 과거와 미래는 다음과 같이 표현할 수 있습니다.

- ⊙ 과거 = 지금 상태 전에 발생했을 확률이 높은 변화를 뇌가 기억에서 유추한 것.
- ⊙ 미래 = 지금 상태 다음에 일어날 확률이 높은 변화를 뇌가 예상한 것.

앞서 예로 들었던 건물 철거 상황을 생각해 봅시다.

벽돌 잔해를 본 당신의 뇌는 먼저 기억의 데이터베이스에 접속해 '비슷한 벽돌 잔해를 본 기억이 있나?' 하고 검색을 시작합니다. 인출된 기억을 토대로 확률을 계산하고 '이것은 철거 작업으로 생긴 벽돌 잔해일 것이다'라는 과거를 유추합니다.

그리고 당신의 뇌는 계속해서 유추한 결과를 바탕으로 다음에 일어날 것 같은 일의 확률을 계산하고, 마지막에는 '누군가 치우지 않는 한 벽돌 잔해는 그대로 있을 것이다'와 같은 미래를 예상합니다.

이제 답은 명확해졌습니다. 애초에 인간은 과거에서 미래로 이어지는 시간의 흐름은 체감하지 못합니다. 아우구스티누스의 지적대로, 인간이 인식할 수 있는 것은 지금의 변화뿐이고, 당신이 거기에 시간이라는 개념을 적용했을 뿐입니다. 그렇게 생각하면 아우구스티누스의 '시간 = 의식의 착각'이라는 주장도, 아리스토텔레스의 '시간 = 변화의 수'라는 주장도 근본적으로 맞다고 말할 수 있습니다.

이제 2장에서 지향하는 목표인 '시간 관리의 프레임워크'를 찾았습니다. 바로 이것입니다.

〔시간 관리 기술이란 당신의 기억과 예상을 조정하는 것이다.〕

인간은 세상의 모든 변화를 기억에서 유추한 과거와 예상한 미래로 받아들이고 그것을 시간의 흐름으로 인식합니다. 게다가 앞에서 설명한 바와 같이, 객관적인 시간 관리에는 한계가 있기 때문에 우리 의식 속에 있는 기억과 예상을 조정해 나갈 수밖에 없습니다.

시간 관리 기술로
효과를 본 사람, 보지 못한 사람

프레임워크를 찾았다고 해도, 갑자기 과거의 기억과 미래 예상을 조정하여 시간을 관리하라고 하면 뭘 어떻게 해야 할지 몰라 당황하는 사람이 대부분일 것입니다. 도대체 이 사고방식이 어떻게 시간 관리에 도움이 된다는 것인지 감이 잡히지 않을 것입니다.

그래서 지금부터는 '기억과 예상' 프레임워크를 사용하여 기존의 시간 관리 기술을 몇 가지 재해석해 보겠습니다. 캘린더, 투 두 리스트 등 대표적인 시간 관리 기술을 '기억과 예상'의 관점으로 파악하고, 그 방법으로 효과를 보기 쉬운 사람과 효과를 보기 어려운 사람의 차이를 생각해 보는 것입니다. 그러면 시간 관리 기술의 효과와 관련된 개인차의 이유도 명확해질 것입니다.

먼저 캘린더의 효능을 검증해 봅시다. 일정을 캘린더에 기록하는 것은 시간 관리 기술의 기본이지만, 실제로는 그다지 능률이 개선되지 않는다고 1장에서 설명한 바 있습니다. 이 현상은 어떻게 보아야 할까요?

결론부터 말하면, 캘린더로 효과를 보기 쉬운 사람은 '예상의 현실감이 떨어지는 사람'입니다.

예상이란 앞으로 일어날 변화를 짐작하는 것으로, 머릿속에 대략적으로 그려본 이미지입니다. 일기예보의 강수량 예측처럼 '60% 확률로 다음 달에 정산 내역을 쓰고 있을 나', '90%의 확률로 내일 방 청소를 할 나'와 같은 식입니다.

그런데 우리 중에는 예기치 못한 일에 현실감을 느끼기 어려운 사람이 있습니다. 이런 사람은 예상을 자신의 일로 적용하는 게 서투릅니다. '다음 달의 예정은 남 일처럼 생각된다', '1년 후의 나는 다른 사람처럼 여겨진다'와 같은 식입니다.

이는 '시간적 분리'라고 불리는 현상으로, 몇 시간 후의 자신조차 현실감을 못 느끼는 사람도 있습니다. 예상한 것에 느끼는 현실감이 사람마다 차이가 나는 이유는 명확하지 않습니다. 뇌에 분비되는 신경전달물질의 양이나 타고난 성격이 원인이라는 설명이 있으나 명확하지는 않습니다.

예상한 것에 현실감을 못 느끼면 능률이 떨어지는 것이 당연하겠지요. 내일 일어날 예정을 자신의 일로 받아들일 수 없다면 위기감은 생기지 않을 것이고, 그런 사람은 애초에 시간을 잘 사용하려는 생각조차 하지 않을 것입니다.

이런 사람에게 도움이 되는 것이 캘린더입니다. '15시부터 기획서 작성을 시작하기', '2개월 후 승급 시험' 등 예정을 써두면 예상이 명확해져서 미래에 할 행동에 현실감을 조금 더 느낄 수 있기 때문입니다.

캘린더의 장점이 작업에 필요한 시간을 짐작하고 일정을 잘 챙길 수 있는 것이라고 생각하지만, 정말 중요한 것은 예상한 것의 현실감을 끌어올리는 기능입니다.

반대로 당신이 '예상의 현실감이 뚜렷한 사람'이라면 캘린더에 세세하게 스케줄링을 하는 게 별로 효과가 없을 겁니다.

| ❷ 투 두 리스트로 왜 누구는 효과를 보고 누구는 효과를 보지 못할까?

이번에는 '투 두 리스트'에 대해 생각해 봅시다. 그날 해야

할 일들을 중요도 순으로 모두 적고 위에서부터 순서대로 해내는 기술입니다. 다른 시간 관리 기술과 마찬가지로 널리 알려진 것에 비해 그다지 효과가 확인되지 않았고, 일부만 생산성 향상을 보였다고 1장에서 언급한 바 있습니다.

그러면 투 두 리스트로 생산성이 향상된 사람은 어떤 사람일까요? 이에 대해서는 사회심리학자 로이 바우마이스터가 흥미로운 지적을 했습니다[12]. 투 두 리스트로 효과를 본 사람은 목표를 달성하지 못해서 뇌에 나쁜 영향이 생기는 일이 줄어들었다는 것입니다. 도대체 어떻게 된 일일까요?

로이 바우마이스터 연구팀은 학생 실험 참가자들을 모아 절반에게 "일상생활 중에 해야 할 일을 투 두 리스트로 정리해 주세요."라고 요청했습니다. 그다음에 리스트와 전혀 관계없이 소설을 읽도록 지시했습니다. 투 두 리스트는 목록으로 정리한 일을 순서대로 해내는 것이 본래의 방식인데, 이때 굳이 상관없는 작업을 수행하게 해서 어떤 차이가 일어나는지 알아본 것입니다.

그 결과는 흥미로웠습니다. 사전에 리스트를 작성한 그룹은 그러지 않은 그룹보다 소설을 더 집중해 읽었습니다.

이유를 설명하자면, 우선 인간의 뇌는 이미 끝낸 일보다 하다 만 일에 더 집중하는 성질이 있습니다. 이미 끝낸 일은 속 시원히 잊히지만 하다 만 일은 계속 신경이 쓰입니다. 예를 들어, 정리 중이라 어수선한 옷장, 뒤섞여 방치된 청구서, 미완성의 프레젠테이션 자료, 성가셔서 회신하지 않은 메일 등이죠.

이렇게 끝내지 못한 일이 남아있으면 당신의 뇌는 무의식적으로 불안을 느껴, 다른 일을 하는 동안에도 해내지 못한 작업에 자원을 분배합니다. 그 때문에 눈앞의 일에 할애해야 하는 처리 능력이 줄어들어서 결국에는 전체 생산성까지 떨어지고 맙니다. 이 현상을 인지과학에서는 '주의 잔류'라고 부릅니다.

하지만 이때 미리 투 두 리스트를 만들어놓으면 인간의 뇌는 재미있는 반응을 보입니다. 완료되지 않은 작업을 전부 적어두는 것만으로 뇌가 '이 작업은 이미 처리되었으니 안심이다'라고 믿고 눈앞의 작업에 모든 자원을 쏟는 것입니다.

즉, 투 두 리스트가 제대로 기능하는 것은 남은 일을 외부에 모두 쏟아냄으로써 뇌가 안심하고 진행 중인 일에 집중했기 때문입니다. 이를 과거와 미래 프레임워크로 바꾸어 말하면, 다음 특성을 가진 사람은 투 두 리스트가 효과를 발휘하기 쉽습니다.

⊙ 미래의 예상이 너무 많은 사람

다른 작업을 하는 중에도 '부탁받은 자료 수집을 깜빡했어. 이것만 마치면 하자', '아, 방 청소를 하던 중이었지. 집에 가면 얼른 해야겠다' 등 다른 할 일이 떠올라 그것이 머리에서 떠나지 않는 사람.

⊙ 부정적으로 과거를 기억하는 사람

'이 일은 이전에도 잘 못했어', '혹시 내일 쓸 자료를 놔두고 왔나?' 등 부정적인 생각이 자꾸 떠오르고 불안에 사로잡히는 사람.

두 유형의 공통점은, 갑자기 머릿속에 불쑥 떠오르는 생각에 신경 쓰느라 뇌의 능률이 떨어진다는 것입니다. 반대로 과거에 별로 얽매이지 않는 사람이나 멀티태스킹을 잘하는 사람이라면 투 두 리스트는 그다지 효과가 없습니다.

| **❸ 시간 기록으로 왜 누구는 효과를 보고 누구는 효과를 보지 못할까?**

이번에는 '시간 기록하기(Time Log)'에 대해 생각해 봅시다. 자신이 실행한 작업의 시작 시간과 종료 시간을 계속 기록하는 기술인데, 몇 번 반복하다 보면 작업에 걸맞은 시간 배분을 잘할 수 있게 됩니다.

다른 기술들과 마찬가지로, 시간 기록으로 작업 능률이 올라갔다는 증거는 일부 사람에게서만 확인되었습니다. 이 기술의 효과는 어떻게 생각해야 할까요?

결론부터 말하면, <u>시간 기록으로 능률이 오르기 쉬운 유형은 '과거 기억의 오류가 큰 사람', '너무 긍정적으로 과거를 기억하는 사람'</u>입니다.

- ⊙ 사실은 지난주에도 마감 직전까지 몹시 허둥지둥했으면서 '지난주에 순조롭게 진행되었으니 이번에도 문제없을 거야'라고 생각하는 사람.
- ⊙ 사실은 다른 사람의 도움을 받아놓고 '평소 혼자서 해낼 수 있으니 이번에도 문제없을 것이다'라고 잘못 판단하는 사람.

이처럼 과거의 기억이 현실을 반영하지 못해서, 작업 완료에 필요한 시간과 개인의 능력을 잘못 계산해 버리는 사람이 적지 않습니다. 저 또한 이 패턴에 빠지는 경우가 많아서, 원고 집필 시간을 잘못 계산할 때가 종종 있습니다.

이런 문제가 발생하는 원인에 대해서는 4장에서 자세히 설명하겠지만, 여기에서는 그 대표적인 원인으로 '폴리아나 효과'를 먼저 소개하겠습니다[13]. 이는 불쾌한 일보다 즐거운 일을 더 정확하게 기억하기 쉬운 심리 경향으로, 엘리너 포터(Eleanor H. Porter)의 소설 《폴리아나(Pollyanna)》 주인공이 모든 상황에서 긍정적인 측면을 보려는 데에서 이름을 따왔습니다.

폴리아나 효과가 강한 사람은, 불쾌한 정보보다 즐거운 정보를 우선적으로 뇌에 집어넣습니다. 마감보다 앞당겨 작업을 끝낸 경험, 어려운 프로젝트를 혼자 해낸 기억 등 자신에게 즐거운 정보만을 뇌에 축적한 결과, 실제보다 너무 긍정적인 장밋빛의 회상을 하게 되는 것입니다.

물론 매사를 긍정적으로 생각하는 것은 나쁜 일이 아닙니다. 쓸데없이 기분이 우울해지는 것을 막아주고 스스로에게 자신감을 갖기 위해서도 필요한 능력이긴 합니다. 그렇지만 항상 과거를 장밋빛 필터를 끼고 보면 정확한 상황을 파악할 수 없게 되는 것도 사실이지요.

그래서 평소 사용 시간을 기록해 두면, 나중에 과거를 지나치게 긍정적으로 기억하기 쉬운 자신에게 빼도 박도 못하는 증거를 들이밀 수 있습니다. 이것이 일부 사람에게만 시간 기록이 효과 있는 이유입니다.

| ❹ 이프 덴 플래닝으로 왜 누구는 효과를 보고 누구는 효과를 보지 못할까?

'이프 덴 플래닝(If-Then Planning)'도 생각해 봅시다. 컬럼비아 대학의 심리학자 하이디 그랜트 할버슨(Heidi Grant Halvorson)의 저서 《작심삼일과 인연 끊기(Nine Things Successful People Do Differently)》(2011)로 유명해진 기법으로, 이미 수백 건이 넘는 실험에서 유효성이 확인됐습니다[14].

방법은 간단합니다. 특정 목표에 대해 '~하면 ~한다'라고 말하면 됩니다. '18시가 되면 운동을 한다', '집에 도착하면 먼저 손을 씻는다'와 같이 자신이 세운 목표에 그 행동을 할 구체적인 계기를 설정해 두는 것입니다.

그 효과 중에는 놀라운 것도 있습니다. 심리학자 피터 골비처(Peter Max Gollwitzer) 연구팀의 조사에 따르면, 아무 기술도 사용하지 않은 사람에 비해 이프 덴 플래닝을 실천한 사람은 3.5배나 운동 습관이 몸에 배었고, 학업 달성도 2.3배까지 올랐다는 것입니다[15]. 그 때문에 단순하고 효과가 높은 기법으로 인기를 끌며, 여러 서적에서 '최강의 효율화 기술'로 거론되고 있습니다.

하지만 거듭 말했듯이 모든 문제에 효과가 있는 만병통치약은 없습니다. 이프 덴 플래닝에도 다른 기술과 마찬가지로 효과를 본 사람과 효과를 보지 못한 사람이 있다고 보고되었습니다.

캘리포니아 대학 연구팀이 실시한 실험에서는, MBA의 학생에게 밥을 짓거나 방 청소 등의 일상적인 목표에 이프 덴 플래닝을 사용하도록 지시했습니다. 이때 전체를 '목표가 하나인 그룹'과 '목표가 여러 개인 그룹'으로 나누었는데 결과는 이렇습니다[16].

⊙ 목표가 하나인 그룹은 이프 덴 플래닝으로 성과를 거둘 수 있었다.

⊙ 목표가 여러 개인 그룹은 이프 덴 플래닝으로 성과가
오르기는커녕 생산성이 떨어졌다.

목표를 하나로 좁혔을 때 이프 덴 플래닝이 유효했던 것은 기존 보고와 같습니다. 그러나 한 번에 목표를 여러 개 좇았을 때는 효과가 희박해지고 사람에 따라서는 능률이 떨어졌습니다.

이런 문제가 일어난 이유는 간단합니다. 한 번에 여러 목표에 이프 덴 플래닝을 사용하면 작업 난이도가 올라간 기분이 들기 때문입니다.

예를 들어 목표를 단순히 '운동하기'라고만 하나로 만드는 경우와 '사업 내용 리서치', '상대방에게 메일 회신하기' 등의 작업도 더해 세 가지 목표를 만들 경우, 어느 쪽이 어려운지는 말할 필요도 없지요. 아무리 목표 하나하나가 쉽게 처리할 수 있는 단순 작업이라도, 여러 목표가 묶여있는 탓에 실제보다 난이도가 높아진 듯 보이고, 결국에는 목표에 대한 의욕이 약해질 것입니다.

그리고 연구팀은, 여러 목표를 설정한 탓에 다른 목표에 정신이 팔려 하나의 이프 덴 플래닝에 집중할 수 없게 되는

문제점도 지적하고 있습니다. 앞에서 살펴본 '주의 잔류'와 비슷한 현상으로, 여러 목표를 설정한 것만으로도 인간의 뇌는 눈앞의 작업에 집중하기 어려워합니다.

하지만 안타깝게도 일상생활에서 하루에 하나의 목표만 세우는 경우는 드뭅니다. '채소 먹기', '운동하기'와 같이 매일 같은 습관을 들이는 데 사용한다면 몰라도, 매일의 공부나 일에 있어서는 목표를 여러 개 세우는 것이 일반적입니다. 그런 점에서 이프 덴 플래닝도 만능은 아닙니다.

이프 덴 플래닝으로 효과를 보기 어려운 사람에게는 다음과 같은 특징이 있습니다.

⊙ 미래의 예상이 너무 많은 사람

예상한 것이 너무 많다는 것은 당신의 뇌가 '미래에 높은 확률로 일어날 것이다'라고 계산한 장면의 수가 많은 상태입니다. '내일은 서류 작성을 끝내는 날이고 16시부터는 운동을 한다' 등 해야 할 일의 수가 너무 많아서 초조해했던 경험은 누구나 있을 것입니다.

이때 뇌에는 여러 예상이 동시에 존재하고, 자연스럽게 당신의 주의도 분산됩니다. 그 때문에 '살을 빼기 위해 운동하기'와 같은 더 중요한 목표에 대한 의욕마저 희미해져 이프 덴 플래닝의 효과를 보기 어려운 것입니다[17].

⊙ 너무 부정적으로 과거를 기억하는 사람

앞서 살펴본 것처럼 이프 덴 플래닝은 주관적인 작업의 난이도에 영향을 끼치기 쉬운 기술입니다. 당신이 마음속으로 '이것은 무리일지도 모른다'라고 생각했다면 아무리 실행 계획을 잘 짰어도 효과를 볼 리 없습니다.

그런 점에서 부정적인 생각이 많은 사람일수록 이프 덴 플래닝의 효과를 보기 어렵습니다. 계획을 볼 때마다 '1주일 전에도 했던 비슷한 작업인데 시간이 많이 걸렸군', '같은 작업에 몇 번이나 실패했구나' 등 부정적인 장면을 떠올려 계획에 대한 의욕이 떨어져버리기 때문입니다.

'과거와 미래'의 프레임워크로
시간 관리 기술의 요점을 파악한다

모든 이야기를 종합하면 시간 관리 기술의 효과에 개인 차가 있는 이유는 크게 두 가지로 정리할 수 있습니다.

⊙ 앞으로 일어날 일의 확률 계산이 허술하다.
⊙ 이전에 일어난 일의 확률 계산이 허술하다.

이제 아주 간단해졌습니다. 수백 가지의 개인차를 고려하는 것보다 '과거와 미래' 프레임워크를 사용할 때 시간 관리 기술의 요점을 더 쉽게 파악할 수 있습니다.

지금까지의 내용을 다음 그래프로 요약합니다.

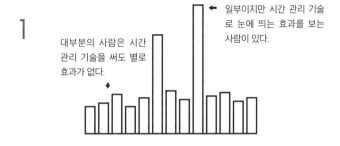

1

대부분의 사람은 시간 관리 기술을 써도 별로 효과가 없다.

← 일부이지만 시간 관리 기술로 눈에 띄는 효과를 보는 사람이 있다.

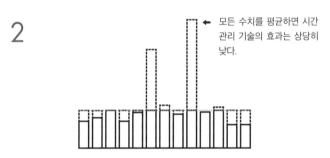

2

← 모든 수치를 평균하면 시간 관리 기술의 효과는 상당히 낮다.

3 모든 시간 관리 기술의 효과는 평균적으로 비슷한데, 이는 미래를 예상하고 과거를 기억하는 것에 대한 개인차가 있기 때문이다.

4 그 때문에 자신이 미래를 예상하고 과거를 기억하는 방식에 맞는 기술을 고르면, 효과를 얻을 수 있다.

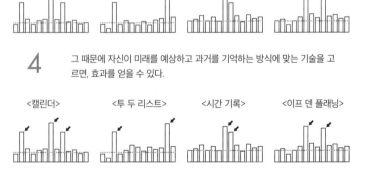

마지막으로 73쪽에서 제시한 수수께끼의 답변을 정리해
보겠습니다.

　⊙ 시간의 흐름이란?

　→ 일어날 확률에 따라 세상의 변화를 유추하고 예상하
　　는 것.

　⊙ 인간은 시간을 어떻게 파악하고 있는가?

　→ 실제로는 시간의 흐름을 체감하지 못하고, 일이 변화
　　할 확률에 '시간'이라는 개념을 적용하는 것.

　⊙ 시간을 효율적으로 사용하는 방법은?

　→ 미래를 예상하고 과거를 기억하는 방식에 따라 조정
　　하는 것.

이것으로 이번 수업은 끝났습니다. 지금까지 배운 정보
를 바탕으로, 3장부터는 개개인이 타고난 성격이나 사고에
적합하고 실제로 활용할 수 있는 시간 관리 기술을 알아보
겠습니다.

CHAPTER 3

미래를
수정하기

'미래 예상'의 정확도를 높이는 13가지 방법

"시인은 미래를 회상한다."

The poet will recollect the future.

장 콕토(1889-1963)

시인

Jean Cocteau

Poet

미래의 현실감이 뚜렷한 사람은
자산이 30% 더 많다

당신의 뇌에서 일어나는 미래의 예상과 과거의 기억을 목적에 따라 조정한다. 이것이 2장의 결론이었습니다. 우리가 느끼는 시간의 흐름이란 뇌에서 일어나는 '과거 기억과 미래 예상'의 연속일 뿐이라서 현실의 시간과는 차이가 납니다. 이 점을 이해하지 못한 채로는 어떤 시간 관리 기술을 활용해도 역효과가 날 수 있습니다.

즉, 정말로 시간을 잘 사용하려면 다음 단계를 밟아야 합니다.

① 시간에 관한 자신의 '개인차'를 파악한다.
② '개인차'에 적합한 기술을 고른다.

명장의 도검이 가정식 요리에 적합하지 않듯, 아무리 유명한 시간 관리 기술도 적재적소에 사용해야 효과를 볼 수 있습니다.

이번 장부터는 드디어 실천편입니다. 앞으로 소개하는 '과거와 미래'의 프레임워크를 시도해 보세요. 우선 예상하기에 어려움이 있는 경우를 살펴볼 텐데, 그 전에 간단한 '뇌 운동'을 해봅시다.

10년 후의 자신을 생각해 보세요. 방금 어떤 인물을 떠올렸나요? 이 질문이 요구하는 대답은 '날씬해진 나', '성공해서 행복한 나'와 같이 미래의 이상적인 장면이나 희망사항이 아닙니다. 이 질문의 핵심은, '상상 속의 나를 진정한 나라고 실감할 수 있는가'입니다.

당신은 머릿속에 떠오른 10년 후의 자신을 진짜 나라고 느낄 수 있나요? 아니면 아는 사람이나 낯선 사람을 생각할 때와 같이 단순한 상상 속의 존재로밖에 못 느꼈나요?

질문이 어렵다면, 다음 페이지의 척도를 보면서 '나는 10년 후의 나와 얼마만큼 연결 고리를 느끼는가?'를 생각해 보세요. 10년 후의 내가 지금의 나와 같은 사람이라고 생각된다면 7점이고, 완전한 타인처럼 느껴진다면 1점입니다.

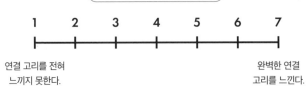

이 질문은 '미래 예상의 현실감 정도'를 알아보기 위한 테스트입니다. 이 질문에 '10년 후의 나도 지금과 완전히 같은 사람'이라고 답한 사람은 '미래의 현실감이 뚜렷하다'라고 판단할 수 있고, '완전히 다른 사람'이라고 답한 사람은 '미래의 현실감이 떨어진다'라고 판단할 수 있습니다[1].

단순한 테스트이지만, '미래의 현실감 정도' 차이는 우리의 인생에 큰 영향을 미칩니다.

스탠포드 대학 연구팀의 조사를 봅시다. 연구팀은 참가자에게 10년 후의 자신을 상상하게 하고 '미래의 현실감 정도'를 채점하여, 이 점수를 전원의 은행 잔고, 신용카드 잔고 등과 비교했습니다. 그러자 각각의 데이터에는 명확한 관계성이 보였습니다. 미래의 자신과 연결 고리를 강하게 느끼는 사람(7점)은 그렇지 않은 사람(1점)보다도 자산이 평균 30%나 많은 경향이 있었습니다[2].

미래의 현실감이 뚜렷한 사람일수록 자산이 많은 이유는, 10년 후의 자신을 '나의 일'로 파악할 수 있기 때문입니다. '미래의 나도 지금의 나와 같은 인간이다'라는 현실감이 뚜렷하다면, 그만큼 10년 후의 나를 소중히 여기는 마음이 생겨 좀 더 장기적으로 인생을 계획할 것입니다.

반대로 미래의 현실감이 떨어지면 미래의 자신을 '낯선 타인'과 똑같이 취급합니다. 미래의 나를 타인으로밖에 못 느낀다면 굳이 10년이나 걸려서 저축하려고 생각하지 않을 것입니다.

이러한 경향은 UCLA의 연구에서도 확인했습니다. 이 실험에서는 연구팀이 참가자에게 '현재와 미래의 자신을 상상해 주세요'라고 지시한 후 그때 참가자들의 뇌를 스캔했습니다.

그 결과, 미래의 현실감이 떨어지는 사람은 '현재의 나'를 생각했을 때 가장 뇌가 활성화되었고, '1개월~10년 후의 나'를 상상했을 때는 뇌의 활동이 타인에 대해 생각했을 때와 유사한 패턴을 보였습니다[3].

게다가 미래의 현실감이 떨어지는 것은 자산뿐만 아니라 생산성도 좌우합니다. 우리가 매일 하는 일 중에는 미래의 내 기쁨을 위해 현재의 욕구를 희생해야 하는 경우가 많기 때문입니다.

- ⊙ 시험공부를 위해 게임을 끈다.
- ⊙ 회의 자료 작성을 위해 회식을 거절한다.
- ⊙ 아침 회의 준비를 위해 밤 늦게까지 유튜브를 보지 않는다.

이러한 행위를 하는 이유는 어디까지나 예상한 미래의 장면에 뚜렷한 현실감을 느끼기 때문입니다. 시험을 잘 치른 나, 자료를 만들어 뿌듯해하는 나, 맑은 정신으로 회의에 참석하는 나 등 예상한 장면이 아무리 많아도 타인의 일로만 느낀다면 '내일을 위해 힘내자!'라고 생각할 리도 없습니다.

미래 예상의 개인차는
4가지 유형으로 분류할 수 있다

그렇다면 미래를 예상하는 방식에는 어떤 '개인차'가 있을까요? 그 이유를 크게 네 가지로 분류할 수 있습니다.

① **미래의 현실감이 떨어진다** : 미래의 장면과 나의 연결 고리를 느끼지 못하는 상태

② **미래의 현실감이 뚜렷하다** : 미래의 장면과 나의 연결 고리를 느끼는 상태

③ **미래를 예상한 것이 많다** : 미래에 발생할 것 같은 사건의 수가 많은 상태

④ **미래를 예상한 것이 적다** : 미래에 발생할 것 같은 사건의 수가 적은 상태

처음 두 가지는 앞서 설명한 '미래의 현실감'과 관련된 포

인트입니다. 당신의 뇌가 '미래의 내 모습'에 현실감을 가질 수 있느냐의 문제입니다.

나머지 두 가지는 뇌가 산출한 예상의 수를 말합니다. 예를 들어 '1주일 후의 나는 서류 정리나 기획서를 준비하고 있을 확률이 높다'와 같이 예상 결과가 1~2개에 그친다면 '예상의 수가 적다'라고 말할 수 있습니다. 반대로 '1주일 후의 나는 서류를 정리하고 필요한 책을 읽고 부탁받은 자료를 찾고 영화를 보고 상사에게 갑작스러운 지시를 받을지도 모른다'와 같이 미래의 장면이 여러 개 떠오른다면 '예상의 수가 많다'라고 말할 수 있습니다.

각각의 상세한 특징은 나중에 다룰 텐데, 여기서는 이 점을 알아두면 좋겠습니다. 당신의 미래 예상이 어떤 유형인지는 타고난 성격이나 현재 환경에 따라 다르며, 각각의 조합에 따라 시간을 사용하는 방법에 '개인차'가 생깁니다.

다음의 그래프는 예상 방식을 조합해 네 가지 유형으로 나눈 것입니다. 당신의 미래 예상 유형을 알아보세요. 22쪽에서 했던 유형 테스트와 동일합니다.

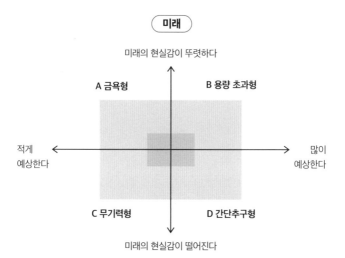

미래

미래의 현실감이 뚜렷하다

A 금욕형   B 용량 초과형

적게   ←   →   많이
예상한다   예상한다

C 무기력형   D 간단추구형

미래의 현실감이 떨어진다

Ⓐ **금욕형** : 미래의 나와 연결 고리가 강하고 해야 할 일
이 명확한 상태입니다. 그래서 자연스럽게 시간 계
산이 잘되고 생산성도 높은 경향이 있습니다. 다만
예상한 것이 너무 뚜렷하면 인생의 즐거움을 놓치
고 일에만 몰입할 수 있습니다.

Ⓑ **용량초과형** : 미래의 나와 연결 고리는 강하지만 해야
할 일이 너무 많이 떠오르는 상태입니다. 각각의 작
업에 강한 연결 고리가 있기 때문에 격렬한 초조감
과 압박감을 느끼기 쉽고 최종적으로 어떤 작업도

진행하지 못할 수 있습니다.

ⓒ **무기력형** : 미래의 나와 연결 고리가 약하고 해야 할
일도 한정적 장면만 떠오르는 상태입니다. 미래의
모습이 막연한 데다 구체적인 행동을 촉진하는 목
표 수가 적기 때문에 무기력과 게으름에 사로잡히
기 쉽습니다.

ⓓ **간단추구형** : 미래의 나와 연결 고리가 약한데도 해야
할 일이 여러 장면 떠오르는 상태입니다. 먼 미래의
일에 현실감을 느끼기 어려운 탓에 중요도가 낮은
눈앞의 작업을 우선시하기 쉬우며 나중에 시간을
낭비했다는 기분에 사로잡히는 때가 많습니다.

이와 같이 미래를 어떻게 생각하고 느끼냐에 따라 우리의
시간 감각에는 다양한 '개인차'가 생겨 최종적으로 행동력에
영향을 미칩니다. 당연히 각각의 유형마다 적합한 시간 관리
기술도 다르므로 이에 맞는 대책을 선택해야 합니다.

그럼 각 유형에 적합한 시간 관리 기술을 살펴보겠습니
다. 이 책에서 소개하는 기술은 모두 하나의 '메인'과 두세
가지의 '옵션'으로 나누어 있습니다. 예상이 어긋나게 하는

습관을 바로잡는 효과가 가장 뛰어난 메인 기술부터 시도해 보기를 추천합니다. 옵션은 메인보다 효과는 낮지만 보다 더 쉽게 실천할 수 있습니다. 메인 기술에 익숙해진 후에 추가로 사용해 보세요.

어느 기술을 실천할지를 선택할 때는, '시간 감각 유형 테스트(22쪽)'의 결과를 참고하면서 당신의 판단도 함께 활용해 보세요. '일할 때 내 유형은 어느 쪽에 해당할까?', '공부할 때 내 유형은 어떻게 변하지?'와 같이 작업마다 시간 감각의 변화가 일어나는지 체크해 보는 것입니다.

또 3장 마지막에는 각 유형별로 어느 기술을 조합해 실천해야 하는지 참고할 수 있도록 가이드라인을 소개했습니다.

미래의 예상이 어긋나는 유형 ❶
미래의 현실감이 떨어진다

(무기력형, 간단추구형)

미래의 현실감이 떨어지는 것은 미래의 나와 연결 고리가 약하게 느껴지는 상태입니다. 미래의 내가 마치 타인처럼 느껴지기 때문에 장기 프로젝트일수록 시간 계산이 틀리기 쉽습니다.

이런 사람일수록 일의 행동력이 낮다는 것은 이미 언급한 바 있는데, 그것 외에도 다양한 문제가 보고되었습니다.

⊙ 성적이 나쁘다

미래의 현실감이 떨어지면 공부할 필요성을 깨닫는 시점이 늦어 성적이 낮은 경향이 있습니다.

⊙ 감정을 통제하지 못한다

미래의 현실감이 떨어지면 자신의 공격성이 가져오는 결과에 둔감해져서, 순간 불쾌한 기분을 억제하지 못합니다. 그 결과 흡연이나 알코올과 같이 간단히 기분을 바꿔주는 물질을 찾는 일도 많습니다.

⊙ 건강이 안 좋다

몇몇 실험에서는 미래의 현실감이 떨어지면, 미래의 건강을 대비하지 않아 운동 습관이 몸에 배어 있지 않았고 비만이나 심장질환 발병률도 높은 경향을 보였습니다[4].

이제 이러한 문제를 알았으니 어떻게 해서든 미래의 현실감을 뚜렷하게 만들어야겠다는 생각이 들 것입니다. 지금부터 소개하는 기술이 도움이 됩니다.

| [메인 기술] 타임 박싱

"일의 양은 주어진 시간이 채워지도록 늘어난다."

영국의 역사학자 파킨슨(C. N. Parkinson)이 1958년에 남긴 말입니다. 실제로는 1주일이면 해낼 수 있는 일도, 2주의 여유가 있다면 작업이 끝날 때까지 보통 2주가 걸려버리는 현상을 가리키는 말입니다.

어디까지나 개인의 경험치에서 나온 법칙이지만 공감하

는 사람이 많을 것입니다. 꼬박 하루가 걸리던 서류이지만, 상사가 급한 일이라며 시킬 때는 반나절 만에 끝내는 일은 자주 있습니다. 원래는 반나절 만에 끝낼 능력이 있는데 '하루'라는 기한이 정해지면 그 시간을 다 쓰려고 하는 것입니다.

이러한 현상은 미래의 현실감이 떨어질수록 일어나기 쉽습니다. 마감일을 여유 있게 설정한 탓에 미래의 자신이 더 멀게 느껴져 시간 계산에 문제가 생깁니다. 그 결과, '파킨슨의 법칙'이 발동하는 것입니다.

이 문제에 맞서려면 '타임 박싱(Time Boxing)'이 가장 좋습니다. 정보공학자 제임스 마틴(James Martin)이 소프트웨어 개발을 위해 제안한 기술로, 미리 작업마다 일정한 시간을 할당해 그 기한에 작업을 끝내는 간단한 기술입니다[5].

작업에 할당한 시간은 '박스'라고 부르며 거기에 구체적인 기한, 목표, 성과, 업적 등을 설정하는 것이 타임 박싱의 기본입니다. 이 박스는 절대적이어서, 사전에 정한 시간이 되면 아직 작업이 끝나지 않았더라도 일을 마무리해야 합니다.

단순한 방법이지만 전문가들의 평가는 긍정적입니다. AI

개발로 유명한 기업 필터드에서 실시한 조사에 의하면, 투두 리스트나 아이젠하워 매트릭스 같은 유명 기술과 비교했을 때에도, 타임 박싱이 '미래의 현실감이 떨어지는 사람'에게 가장 효과가 높았다고 합니다[6]. 이 문제로 고민 중이라면 우선 시도해 보아야 할 기술입니다.

❶ 단계_작업 선택하기

우선 적당한 작업을 골라봅시다. 타임 박싱을 적용할 작업은 어떤 것이든 상관없지만, 이 기술에 익숙해지기까지는 주로 이런 작업을 선택해 보세요.

⊙ 완료까지 시간이 걸리는 작업

힘든 일을 선호하는 사람은 적겠지만, 일반적으로 미래의 현실감이 떨어지는 사람일수록 시간이 걸리는 작업을 회피하기 쉽습니다. 그렇기 때문에 장대한 프로젝트일수록 타임 박싱에 적합합니다.

⊙ 자극이 없는 작업

방 정리, 메일 정리와 같이 작업 중 자극이 적은 일도 타임 박싱에 적합합니다. 미래의 현실감이 떨어지는 사람은 자극이 적은 작업에 서툴러서, 미리 기한을 정해두지 않으면 미래의 나와 연결 고리를 느끼기 어렵기 때문입니다.

❷ 단계_작업 목표 설정하기

할 일을 정했다면 '그것으로 무엇을 달성하고 싶은가?', '언제까지 달성하고 싶은가?'를 생각합니다.

책 집필을 예로 들어보겠습니다. 책을 한 권 완성하려면 대략 10만 자 이상을 써야 하는데, 이를 평균 90일에 끝내기로 했습니다. 이 목표를 타임 박싱에 적용해 보면, 우선 원고 수정과 변수 대처 시간을 확보해야 하니, 모든 일정 마감을 대략 10일 당겨, '80일 안에 10만 자 집필'을 목표로 합니다. 그러려면 하루에 1,250자를 써야 하므로, 이것이 1일 박스에 해당하는 목표가 됩니다. 참고로 10일이라는 숫자는 과거의 경험에서 계산한 것으로, 그 구체적인 방법은 171쪽의 '시간 기록하기'를 참조하기 바랍니다.

책 집필 예시에서는 글자 수로 목표를 설정했지만, '15분만에 방 치우기', '10분만 집중해 자료 모으기'와 같이 시간의 길이로 목표를 설정해도 괜찮습니다. 어쨌든 결과를 분명히 파악할 수 있는 목표를 설정하는 것이 핵심입니다.

❸ 단계_역산으로 시간 설정하기

할 일과 목표를 정했으면 다음은 해당 작업에 시간을 할당해 캘린더에 적어둡니다. 여기서 결정할 것은 일의 시작 시간과 끝내는 시간 둘뿐입니다.

다시 책 집필 예시로 돌아가면, 80일 만에 한 권을 완성하려면 하루에 1,250자를 써야 하는데, 이외에도 운동이나 블로그 쓰기 등의 일을 해야 해서 하루 전부를 책 집필에만 쓸 수 없습니다. 집필에 쓸 총시간을 산출하기 위해 그 외에 해야 할 업무를 박스에 담아 나갑니다.

할 일의 우선순위는 자신의 주관으로 정하면 되는데 어려울 때는 다음 순서로 판단해 보세요.

① 자기 자신 : 수면, 운동, 휴식 등 자기 관리에 관한 일
② 인간관계 : 친구와의 모임, 동료와의 점심 등 대인관계에 관한 일
③ 일과 공부 : 서류나 기획, 테스트 준비 등 업무나 학습에 관한 일

일과 공부에 시간을 할당하는 것은 많은 사람이 잘할 것입니다. 하지만 자기 관리나 인간관계는 소홀하기 쉽습니다. 그런 스케줄은 기름을 넣지 않고 계속 달리는 차와 같습니다. 일과 공부에만 신경 쓰면, 처음에는 남들보다 속도가 빠르다고 생각할지 모르지만 머지않아 지쳐서 나가떨어질 것이 틀림없습니다. 기름이 떨어져 멈춰 서는 자동차처럼 말입니다.

저는 먼저 수면 시간을 확보하고, 다음으로 운동, 취미, 친구와의 모임 순으로 박스를 만들어 캘린더 앱에 등록합니다. 그러고 마지막에 남은 시간을 확인했더니 책 집필에 제가 사용할 수 있는 시간은 하루 2시간이었습니다.

❹ 단계_결과 평가하기

나머지는 설정한 박스에 따라 작업을 진행하기만 하면 됩니다. 거듭 말하지만, 정한 시간이 지나면 작업이 끝나지 않았더라도 멈추고 다음 박스로 넘어가야 합니다. 일을 하다 발동이 걸리더라도 사전에 정한 시간이 종료되면 작업을 중단하세요.

1일 박스가 끝나면 마지막으로 그날의 결과를 평가합니

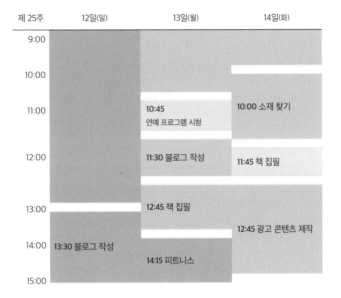

제 25주	12일(일)	13일(월)	14일(화)
9:00			
10:00			
11:00		10:45 연예 프로그램 시청	10:00 소재 찾기
12:00		11:30 블로그 작성	11:45 책 집필
13:00		12:45 책 집필	
14:00	13:30 블로그 작성	14:15 피트니스	12:45 광고 콘텐츠 제작
15:00			

다. '목표는 달성했는가?', '예정대로 되지 않았다면 무엇이 문제였는가?'를 생각한 다음에 그날에 끝내지 못한 일을 다음 날의 박스에 배정하세요. 이것으로 타임 박싱의 모든 과정이 끝났습니다.

실제로 시도해 보면 알겠지만, 미래의 현실감이 떨어지는 사람일수록 타임 박싱으로 예정을 짜면 초조함이나 불안이 누그러지는 기분이 들 것입니다. 모든 작업을 박스에

포함시킴으로써 미래의 자신이 좀 더 가깝게 느껴지고, 자신의 시간을 스스로 조정할 수 있는 감각이 길러지기 때문입니다. 미래를 자신의 일로 여기는 것이 서투른 사람은 꼭 시도해 보세요.

| **[옵션 기술 ❶] 작업 분해**

사회심리학자 저스틴 크루거(Justin S. Kruger)는 작업의 소요시간을 정확히 예측하지 못하는 사람이 많은 이유는 작업을 충분히 분해하지 못했기 때문이라고 지적했습니다[7]. '작업 분해(Unpacking)'는 한 가지 작업을 세세한 단계로 분해하는 기술로, '서류 작성'이라는 작업이라면 '정보 수집하기 → 필요한 데이터 추출하기 → 틀을 짜서 항목별로 작성하기 → 정리된 문장으로 완성하기'와 같이 세세하게 나누는 것입니다[8]. 이 작업을 통해 현재부터 미래까지의 절차가 명확해지기 때문에 미래의 현실감이 떨어지는 사람일수록 큰 효과를 볼 수 있습니다.

저는 작업 분해를 타임 박싱과 조합하는데, 캘린더 앱에 스케줄을 정하고 각각의 박스마다 분해한 작업을 배분합니다. 예를 들어 '책 집필'이라는 작업에 1시간을 쓰기로 한 경우, 이를 '정보 선별(15분) → 정보를 파일로 정리하기(10분) → 영문 번역(10분) → 집필(25분)'과 같이 세부 작업으로 분해해 수첩에 적어둡니다.

| **[옵션 기술 ❷] 구체적으로 상상하기**

'구체적으로 상상하기(Vision Exercise)'는 칼튼 대학의 심리학자 블루인 후돈(Blouin-Hudon) 연구팀이 개발한 기술입니다[9]. 미래의 현실감이 떨어지는 사람에게 특히 효과가 있습니다. 학생을 대상으로 진행된 테스트에 따르면, 이 방법을 10분 유지한 그룹은 미래의 나와 연결 고리가 강해졌습니다. 이후에 실시된 테스트의 성과가 실험 전보다 30% 향상되었습니다.

이 기술은 다음의 단계로 진행합니다.

❶ 단계_작업 선택하기

당신이 시간을 잘 사용하고 싶은 작업을 하나만 선택합니다. '기획서 작성'과 같이 업무 관련 작업이든, '운동하기'와 같이 개인적인 작업이든 하고 싶은 것이면 뭐든 괜찮습니다.

❷ 단계_심신 편안히 하기

훈련에 들어가기 전에 먼저 몸을 편안하게 합니다. 의자에 앉아 눈을 감고 코로 5초에 걸쳐 천천히 숨을 들이쉬고

1초 숨을 멈춘 다음에 5초에 걸쳐 천천히 숨을 뱉어 보세요. 이 과정을 온몸이 편안해질 때까지 반복하세요.

❸ 단계_구체적으로 상상하기

몸이 편안해지면 1단계에서 선택한 작업이 마감 직전일 때를 최대한 구체적으로 상상합니다.

당신은 어디에 있는가? 그곳은 조용한 공간인가, 시끄러운 공간인가? 어떤 향기가 나는가? 무엇을 입고 있는가? 누구와 대화를 하고 있는가? 마감 직전인 기분이 어떤가? 작업은 얼마나 진행되고 있는가?

3~7분간 머릿속에 그림을 그리고 상상 속 자신에게서 떨어져 호흡을 의식하며 천천히 눈을 뜹니다.

블루인 후돈 연구팀은 이 기술을 하루 10분씩 최소한 1개월은 계속하라고 권장하고 있습니다. 다만 앞서 실험을 보면 구체적인 상상을 한 실험 참가자는, 실험 직후부터 '미래의 나와 연결 고리가 강해졌다'라고 답하는 경우가 많아졌다고 했습니다. 이를 보면, 한 번만으로도 어느 정도 효과는 있는 듯합니다. 미래의 현실감이 떨어져 일의 의욕이 올라가지 않을 때 한번 시도해 보세요.

| [옵션 기술 ❸] 역할 교환 편지쓰기

'역할 교환 편지쓰기(Role Lettering)'은 미래의 나에게 편지를 쓰는 기술입니다. 미래의 나에게 현실감을 느끼지 못할 때, 미래의 나에게 편지를 씀으로써 '연결'되는 감각을 찾는 것이 목적입니다.

효과가 있을지 미심쩍기도 하지만, 역할 교환 편지는 1990년대부터 교육 분야에서 널리 사용된 기술로, 주로 아동의 정신건강을 개선하는 데 성과를 냈습니다. 게다가 최근에는 미래의 예상을 선명히 하는 데 효과가 있다고 인정받아, 아동의 교육 현장뿐만 아니라 대학생의 진로 선택이나 직장인의 능률 개선에도 쓰이고 있습니다[10].

역할 교환 편지는 다음 단계로 진행합니다.

❶ 단계_미래의 나에게 편지 쓰기

'3년 후의 나'를 떠올리고 미래의 나에게 고민 상담을 하는 편지를 써보세요. 이때 구체적인 고민의 내용, 지금의 내 사고방식이 포함되도록 신경 씁니다.

⊙ 나는 직업 선택을 고민하고 있어. 통계, 회계 등 새로운 분야를 공부해야 할지, 지금 하는 일에 필요한 스킬을 깊이 공부해야 할지 고민하고 있어. 회사를 그만두는 것도 고려 중이고, 새로운 기술을 배울까도 고민 중이야. 어떻게 해야 할까?

❷ 단계_미래의 내가 답장하기

1단계에서 쓴 편지를 다시 읽고 이번에는 '3년 후의 나'가 되어 지금의 나에게 답장을 써봅니다. 이때 '~라고 생각해보면 어때?', '~해보면 어때?'와 같이 구체적인 조언이 포함되도록 신경 씁니다.

⊙ 새로운 분야를 공부하는 것도 방법이지만 현실적으로는 그 회사에 특별히 나쁜 점이 없잖아. 다른 곳으로 눈을 돌리는 심정도 이해는 가는데, 조금 더 지금 회사에서 경력을 쌓은 후 결론을 내보면 어떨까?

참고로 일본 학생들을 대상으로 역할 교환 편지의 효과를 검증한 실험에서, 2단계까지 모두 수행한 학생은 좀 더 집중해서 진로 계획을 세우고, 공부 의욕이 높아졌다고 보고되었습니다. 한편 미래의 나에게 보내는 편지만 쓴 학생들에게는 별다른 변화가 보이지 않았습니다[11].

일단 5~10분간 몇 년 후의 나와 대화를 해보세요. 그러면 미래의 나와 한발 가까운 존재가 되어 시간을 더 효율적으로 쓸 수 있을 겁니다.

| **[옵션 기술 ❹] 하루 단위로 생각하기**

'하루 단위로 생각하기(Daily Matrix)'는 몇 개월에서 몇 년은 걸릴 장기 프로젝트를 월 단위나 연 단위가 아닌 '일 단위'로 생각해 보는 기술입니다. 예를 들어 3개월 후에 프레젠테이션이 있다면 '90일 후에 있을 프레젠테이션'이라고 해석하고, 1년 후에 시험이 있다면 '365일 후에 있을 시험'으로 받아들이는 것입니다.

그런다고 뭐가 달라지나 생각할 수 있지만, 스케줄의 단위를 바꾸는 것은 예상이 뚜렷해지는 것에 큰 영향을 미칩니다. '3개월'보다 '90일' 전이라는 표현이 더 구체적이어서, 인간의 뇌가 더 명확하게 미래 이미지를 예상할 수 있기 때문입니다.

미시간 대학의 연구팀이 실시한 실험에서, 그들은 참가자에게 '은퇴 후 자금을 모으려면 언제부터 저금을 시작해야 좋다고 생각합니까?'라고 질문했습니다. 이때 참가자의 절반에게는 '30년 후에 은퇴한 나'를, 남은 절반에게는 '1만 950일 후에 은퇴한 나'를 이미지화하도록 했습니다. 결과는 큰 차이가 있었습니다[12]. 목표를 '일 단위'로 생각한 참가자는 '연 단위'로 생각한 이들보다 4배나 빨리 저금을 시작하려고 했습니다.

간단한 방법인데도 예상을 뚜렷하게 하는 효과가 높기 때문에 계획을 세우기 전에 목표까지의 시간을 '일 단위'로 이미지화 해보면 좋습니다.

미래의 예상이 어긋나는 유형 ❷
미래의 현실감이 너무 뚜렷하다
(금욕형, 용량초과형)

미래의 현실감이 너무 떨어져도 문제이지만, 너무 뚜렷해도 문제가 됩니다.

이 유형은 머릿속에 떠오르는 예상에 강하게 사로잡혀 미래의 목표에서 벗어나는 행위는 쓸데없고 무책임하다고 여기기 쉽습니다. 좋게 말하면 금욕적이지만 나쁘게 말하면 융통성이 없는 유형입니다.

이 문제가 있는 사람은 장기 목표를 위해 당장의 욕망을 너무 희생하기 때문에 다음과 같은 고민을 많이 합니다.

⊙ 인생을 즐기지 못한다.

⊙ 마음 편히 쉴 시간이 없다.

⊙ 항상 옳은 일을 해야 한다.

⊙ 취미를 즐기거나 친구와 만날 시간이 없다.

◉ 시간과 노력의 대부분을 효율화에 쓰고 있다.

미래의 현실감이 너무 뚜렷한 사람은 목표에서 벗어난 행동을 살짝만 해도 죄책감에 사로잡혀 인생의 가치를 놓칩니다. 이 문제를 내버려두면 언젠가는 번아웃이 일어나 본래의 목표조차 달성하지 못할 수 있습니다.

한 연구에서 미래의 현실감이 너무 뚜렷한 참가자에게 다음의 두 가지 지시를 내렸습니다.

◉ 지난주에 휴식보다 일을 선택했을 때를 떠올려 보세요.
◉ 5년 전 어느 시점에 휴식보다 일을 선택했을 때를 떠올려 보세요.

그 결과 지난주의 기억을 떠올렸을 때는, '일'을 선택했든 '휴식'을 선택했든 후회의 양은 같았습니다. 그러나 5년 전의 기억을 떠올렸을 때는, '일'을 선택했다는 데에 후회의 양이 두 배 가까이 늘었고, '휴식'을 선택했다는 데에 후회의 양은 절반도 되지 않았습니다. 아무래도 미래의 현실감이 뚜렷한 사람은 시간이 지날수록 '인생의 가치 있는 체험을 놓쳤다'라고 절실히 느끼는 듯합니다[13].

다른 연구에서도 이런 사람 중에는 워커홀릭이 많아서 운동 부족, 불규칙한 식사, 인간관계의 문제가 일어나기 쉽다고 보고되고 있습니다[14]. 이런 유형의 사람들은 '생산성을 높이고 싶다', '미래의 이익을 얻고 싶다'라는 마음이 너무 강한 나머지 장기적으로 인생을 일에 미친 듯이 보내는 것입니다.

그럼 이런 유형에게 효과적인 전략을 살펴보겠습니다.

| [메인 기술] 프리코미트먼트

'프리코미트먼트(Precommitment)'는 미리 환경을 통제해서 자신을 관리하는 기술입니다. 미래의 현실감이 너무 뚜렷한 사람은 모든 시간을 생산성이 높은 작업에 사용하려고 하므로, 사전에 휴가 스케줄을 잡는 식으로 이 기술을 활용할 수 있습니다. 구체적인 취미나 레저를 미리 할 일에 포함시켜야 합니다.

예를 들어 '취소 수수료가 비싼 호텔 예약하기', '많은 사람과 함께하는 회식 약속하기' 등 나중에 취소할 수 없는 활동을 정해버리는 방식이 일반적입니다. 이렇게라도 하지 않으면 언제까지나 생산성에 집착해 일만 할 수도 있습니다.

프리코미트먼트는 더 빨리 일정을 잡을수록 효과가 높아지는 경향이 있습니다. 일만 하는 나 자신이 고민이라면, 1년 뒤 휴가 계획을 미리 세워보세요[15].

| [옵션 기술 ❶] 리마인딩

'리마인딩(Reminding)'은 '이 결정은 미래에 후회하게 될지도 몰라'라며 스스로에게 타이르는 기술입니다.

한 실험에서 참가자에게 금전적 보상과 휴가 등의 비금전적 보상 중 하나를 선택하게 했습니다. 그리고 절반의 그룹에게는 지금의 판단 때문에 10년 후에 얼마나 후회하게 될지 예측하라고 했더니 10년 후를 생각한 대부분이 비금전적인 보상을 선택하는 경향을 보였습니다[16]. 또 다른 조사에서도 '미래에 얼마나 후회하게 될지 알려주세요'라는 물음에 참가자는 다음 휴일을 온전히 놀이에 집중하는 계획을 세우는 경향이 높았습니다[17].

미래의 현실감이 너무 뚜렷하다면 휴가를 계획할 때 '이 선택을 10년 후의 내가 후회할까?' 하고 생각해 보세요. 그

것만으로도 멀리 볼 수 있어서 미래의 행복으로 연결되는 스케줄을 짤 수 있을 것입니다.

| **[옵션 기술 ❷] 비주얼라이즈**

'비주얼라이즈(Visualize)'는 예상을 더욱 촘촘하게 하는 기술입니다.

예를 들어 당신이 충분한 휴가도 없이 일하고 있다면 '이렇게 계속 일하면 1년 후에는 어떤 결과가 나올까?' 하고 생각해 보세요. 이때 단순히 미래의 한순간만 떠올리는 게 아니라 '지금 일을 시작한 나 → 1주일 후에 여전히 초조해 하는 나 → 1개월 후에 지쳐 있는 나 → 3개월 후에 새로운 프로젝트를 시작해 더욱 피곤해하는 나'와 같이 현재부터 미래까지 시간대별로, 그러니까 1주일에서 1개월 단위로 세세하게 이미지화하는 것이 핵심입니다.

심리학 분야에서는 '에피소드 기억에 의한 미래 사고'라고 불리는 기술로, 미래 현실감이 너무 뚜렷한 유형에게는 어느 정도 효과가 있습니다. 앞으로 다가올 미래를 그리는 데 3~5분만 있으면 되니, 비주얼라이즈를 해보세요.

'명분을 만들어 나에게 보상하기'는 당신이 열심히 일했거나 금전적으로 이득이라고 느낄 때 반드시 보상을 준다는 생각입니다. 이는 컬럼비아 대학 연구팀이 고안한 기술로, 심리학자 란 키베츠(Ran Kivetz)는 미래의 현실감이 너무 뚜렷한 사람을 위한 조언을 다음 두 가지로 정리했습니다[18].

❶ 열심히 노력한 후 자신에게 사치하기

'일을 열심히 했다', '예정대로 목표를 달성했다' 싶은 시점 이후에 반드시 생산성이나 효율과는 무관한 활동을 한다.

❷ 비용이 들지 않는 상황을 찾아 자신에게 사치하기

할인 쿠폰이나 무료 우대권처럼 금전적으로 이득이 되는 캠페인이나 서비스를 발견하면 반드시 사용해 본다.

어느 방법이든 '정당한 이유가 있으면 생산성이 없는 행동을 해도 좋다'라는 생각이 들도록 명분을 만들어주는 것입니다. 평소 같으면 죄책감이 들 만한 행동이라도 명분이 주어지면 즐길 수 있게 됩니다.

즉, 열심히 일했거나 이득이라고 생각되는 상황은 호화로운 휴가나 순수한 취미에 시간을 쓸 기회입니다. 이러한 조건이 갖춰지면 전부터 가고 싶었던 레스토랑을 예약하거나 휴일 숙박권을 사는 등 휴가나 취미 계획을 세워보세요. 미래의 현실감이 너무 뚜렷해서 발생하는 악영향을 피할 수 있을 것입니다.

미래의 예상이 어긋나는 유형 ❸
미래의 예상이 너무 많다

(용량초과형, 간단추구형)

미래의 예상이 너무 많으면 미래의 이미지가 머릿속에 넘쳐납니다. '내일은 회의다', '방을 치워야 해' 등 해야 할 일이 너무 많이 떠올라서 신경이 분산되는 경우입니다.

미래의 예상이 많은 것에는 두 가지 유형이 있습니다.

◉ 망설임이 많다

'이게 내가 해야 할 일인가?', '실천할 가치가 있는가?' 하고 망설이며 마음이 흔들리기 쉬운 상태입니다. 이러한 망설임은 뇌에 예상 이미지를 여러 개 만들어내고, 시간 계산을 방해하는 원인이 됩니다.

◉ 경로가 많다

미래의 목표로 향하는 길이 하나로 정해지지 않은 상태입니다. 예를 들어 당신이 '살을 빼기 위해 운동하기'라는 목표를 세웠는데, '보조식품으로 살을 빼는 것도 좋을 것 같다', '열량 제한이 더 효과적이지 않을까?' 하고 운동 외에 다른 방법도 떠오릅니다. 이렇게 몇 가지 대안이 마음속에서 서로 경쟁하는 상태입니다.

예상이 너무 많으면 뇌에서는 미래의 이미지 여러 개가 서로 부딪히며 당신의 주의를 끌기 위해 줄다리기를 합니다. 그러면 그만큼 뇌의 인지 자원이 분산되어 하나의 작업에 집중하기가 힘듭니다.

이런 의미에서 아이젠하워 매트릭스와 같이 업무의 우선순위를 선택하는 기술은 모두 미래의 이미지가 많은 것을 해결하기 위해 고안된 것이라고 할 수 있습니다. 모든 작업에 우선순위를 매기면 확실히 미래 이미지의 수는 줄어들 것입니다. 모두 오랜 역사를 가진 기술로, 실천하면 어쨌든 효과를 얻을 것입니다.

그러나 이 책에서는 미래의 예상이 너무 많은 문제의 대책으로 'SSC 훈련'을 추천합니다. 이것은 런던 비즈니스스쿨 연구팀이 개발한 시간 관리 기술로, 아이젠하워 매트릭스보다 간편한 데다 몇몇 실험에서 효과가 있다고 입증되었습니다. 그럼 구체적인 방법을 살펴보겠습니다.

| [메인 기술] SSC 훈련

'SSC 훈련'은 '시작(Start) / 정지(Stop) / 계속(Continue)'의 약자를 딴 기술로, 가치가 낮은 작업을 골라내어 예상의 수를 가능한 한 줄이기 위해 개발되었습니다.

그 효과는 여러 실험에서 확인되었는데 하루 중에 다양한 종류의 일을 해내야 하는 직장인에게 SSC 훈련을 가르친 실험에서는, 평균 약 20%나 노동 시간을 줄였다고 보고되었습니다[19]. 1주일로 치면 꼬박 하루의 시간 여유가 생긴 셈이 됩니다. 미래의 이미지가 많아 고민인 사람에게 최적의 기술이라고 할 수 있습니다.

연구팀의 보고에 따르면, 해야 할 일이 많은 직장인일수록 최종 성과를 내지 못하는 경향이 있으며, 업무 시간의 40% 이상을 안 해도 그만인 일을 하는 데 쓰는 사람이 적지 않았습니다. 할 일의 종류가 너무 많은 탓에 정말 해야할 일을 골라내지 못하고 가치 없는 일에 시간을 소비하는 것입니다.

SSC 훈련은 다음의 단계로 진행합니다.

❶ 단계_할 일 목록 만들기

당신이 앞으로 일주일 동안 할 일을 모두 적습니다. '기획서 작성' 같은 업무상의 일이나 '좀 더 운동하기', '식단 개선' 같은 일상의 일도 괜찮습니다. 집중력이 지속되지 않는 일, 쉽게 의욕이 생기는 일, 나도 모르게 방치하고 있는 일 등 생각나는 대로 목록을 만들어보세요.

❷ 단계_가치 질문하기

목록으로 만든 모든 일에 관해서 다음의 질문에 답해보세요.

[Q1_사회적 가치가 있는가?]

당신이 그 일을 다 해내고 주변 사람에게 성과를 보고했을 때를 상상해 보세요. 그 일을 해내서 당신의 회사, 동료들, 가족, 커뮤니티에 어떤 좋은 영향이 있었습니까? 그 일에 시간을 쓴 결과 모두 기뻐했습니까?

⊙ 주변 사람들에게 확실히 가치가 있음 = 4점

⊙ 주변 사람들에게 조금 가치가 있음 = 3점

⊙ 주변 사람들에게 좋은 영향도 나쁜 영향도 없음 = 2점

⊙ 나쁜 영향이 있음 = 1점

[Q2_긴급한 일인가?]

당신의 가족이 갑자기 병에 걸려 매일 두세 시간을 간호해야 한다고 상상해 보세요. 이런 상황에서 당신이 선택한 일에는 어느 정도의 긴급성이 있습니까?

⊙ 그날 가장 먼저 해야 함 = 4점

⊙ 적어도 오늘 중에는 끝내야 함 = 3점

⊙ 시간 여유가 있으면 하는 게 좋음 = 2점

⊙ 하지 않아도 문제없음 = 1점

[Q3_나에게 가치 있는 일인가?]

이미 당신은 일로 큰 성공을 거두었고 다 쓸 수 없을 정도로 돈이 많으며 누구나 동경하는 명예를 얻었다고 상상해 보세요. 이때 당신이 선택한 그 일은 얼마나 가치가 있습니까?

⊙ 성공했어도 그 일은 반드시 함 = 5점

⊙ 성공했어도 그 일은 함 = 4점

⊙ 할 수도 있고 안 할 수도 있음 = 3점

⊙ 성공했으면 아마도 안 함 = 2점

⊙ 성공했으면 절대로 안 함 = 1점

[Q4_남에게 맡겨도 되는 일인가?]

믿을 만한 동료가 당신에게 '어떤 일이든 돕겠습니다'라고 제안했다고 상상해 보세요. 이때 당신은 그 일을 어떻게 하겠습니까?

⊙ 나밖에 할 수 없으므로 동료에게 맡기지 않음 = 5점

⊙ 다른 사람도 할 수 있지만 내가 하는 것이 가장 좋음 = 4점

⊙ 조금만 알려주면 다른 사람에게 맡길 수 있음 = 3점

⊙ 누구에게나 맡길 수 있음 = 2점

⊙ 애초에 안 해도 상관없음 = 1점

❸ 단계_가치가 낮은 일을 찾아 분류하기

채점이 끝나면 네 질문의 점수를 모두 더합니다. 합계가 10점 이하일 경우, 그 작업은 완전히 포기하거나 누군가에게 맡기는 것이 좋습니다. 점수가 낮은 작업을 찾으면 세 가지 카테고리 중 하나로 분류합니다.

⊙ 포기할 일

바로 그만두어도 눈에 띄는 문제가 없는 일

⊙ 위임할 일

최소한의 수고로 다른 사람에게 맡길 수 있는 일

⊙ 수정할 일

내용을 재검토하면 가치를 높일 수 있는 일

이제 분류에 따라 그 일을 완전히 포기할지 누군가에게 맡길지 결정하면 끝입니다.

이 훈련을 끝까지 실시하면 자신이 의외의 일에 시간을 낭비하고 있었음을 알게 될 것입니다. 런던 비즈니스스쿨의 연구에서는 이 기술을 쓴 실험 대상자의 생각이 이렇게 바뀌었다고 합니다[20].

⊙ 사무 작업의 47%, 조정 업무의 41%는 다른 사람에게 위임해도 문제가 없다.

⊙ 회사 외부에 연락하는 작업의 35%는 다른 사람에게 위임할 수 있다.

⊙ 상사와의 인간관계를 구축하는 작업의 21%도 다른

사람에게 위임할 수 있다.

매일 하는 업무나 공부 중에 꼭 자신이 해야 하는 작업은 의외로 적습니다. 다른 사람에게 지시를 내리는 게 귀찮거나 미안해서 원래는 불필요한 작업에 시간을 낭비하고 있는 사람도 많지 않을까요.

언뜻 보기에는 귀찮은 훈련이지만 익숙해지면 한 번에 20분도 걸리지 않고 모든 단계를 마칠 수 있습니다. 주초에 한 번만 해도 큰 효과를 기대할 수 있으니 본인이 미래의 예상이 너무 많은 편이라면 한번 시도해 보세요.

| [옵션 기술 ❶] 인게이지먼트 속도 높이기

'인게이지먼트(Engagement)'는 '내 안의 활력, 진념, 심취를 끌어내는 힘'을 뜻하는 심리학 용어로 인게이지먼트 속도는 '일을 시작하고 나서 얼마나 빨리 의식을 전환하고 집중할 수 있는가?'를 의미합니다. 예를 들어 회사에서 평소처럼 일을 시작한 이후에, '회의 준비도 해야 하는데…', '집에 가면 곧바로 설거지를 해야겠다'와 같이 여러 이미지가 머릿속에 떠올라 눈앞의 작업에 집중할 수 없다면 인게이

지먼트 속도가 느리다고 할 수 있습니다.

당연히 미래의 이미지가 많은 사람일수록 인게이지먼트 속도는 느리고 생산성도 잘 오르지 않습니다. 그래서 템플 대학 연구팀은 인게이지먼트 속도를 높이기 위해 다음 단계를 제안합니다[21].

❶ 단계_ 업무 문제 3가지 고르기

업무와 관련하여 지금 촉박하거나 궁금하며 가장 중요한 문제 세 가지를 고른다. (예 : 회의 준비, 프레젠테이션 자료 제작, A씨에게 메일 회신 등)

❷ 단계_사생활 문제 3가지 고르기

사생활과 관련하여 지금 가장 시급하거나 걱정되는 문제 세 가지를 고른다. (예 : 세금 납부, 고장난 선반 수리, 친구와의 화해 등)

❸ 단계_지시하기

스마트폰 메모 앱에 1, 2단계에서 고른 문제를 모두 적고 그 끝에 '오늘, 나는 일과 사생활의 문제에 얽매이지 않고 해야 할 중요한 일이나 의무에 집중합니다'라고 적는다.

템플 대학의 실험에서 376명의 남녀에게 이 작업을 지시했더니 실험 참가자 대부분은 의식의 전환 속도가 높아지고 하루 작업량도 크게 증가했습니다. 중요도가 낮은 작업을 미리 적고, '중요한 일에 집중한다'라고 자신에게 명확하게 지시하는 것만으로 너무 많은 예상에 휘둘리지 않을 수 있습니다.

| **[옵션 기술 ❷] 심사숙고 계획하기**

아무리 면밀한 계획을 세워도 예정대로 진행되지 않는 경우는 많습니다. 생각지 못한 변수는 당신을 흔들고 '사태가 더 나빠지면 어쩌지?', '최선의 대처법은 뭐지?' 하고 미래의 이미지가 더 늘어나는 원인이 됩니다. 이 상태를 내버려두면 뇌의 자원은 계속 줄어들고 시간의 감각도 왜곡됩니다.

이럴 때 손쉽게 사용할 수 있는 기법이 콘스탄츠 대학 연구팀이 고안한 '심사숙고 계획하기'입니다.

⦿ 일을 시작하기 전에 '무슨 문제가 생겼을 때나 상황이
　　나빠졌을 때는 일단 멈춰서 대책을 잘 생각한다'라고

종이에 적고, 작업을 하는 동안에 항상 눈에 띄는 곳에 놓아둔다.

생각지 못한 변수에 대비하여 '심사숙고'를 미리 계획해 두는 것입니다. 아주 간단한 기법이지만 2017년 실험에 따르면, 이 기법을 연습한 실험 참가자는 판단력이 높아져 변수에 강해졌습니다[22]. 사전에 심사숙고를 계획함으로써, 문제가 생겨도 '곤란할 때는 대책을 잘 생각한다'라는 단순한 규칙을 지켜 문제를 막을 수 있습니다. 의외의 변수에 취약한 사람들은 한번 적용해 보세요.

| [옵션 기술 ❸] 대책 계획하기

'대책 계획하기'는 런던 비즈니스스쿨이 고안한 시간 관리 기술입니다. 실천 방법은 간단합니다. '오늘 업무 중 어떤 문제가 생길까?'라고 생각해서 그 대책을 목록으로 만들어두면 끝입니다.

당신의 스케줄을 중단시킬 것 같은 어떤 문제를 써내도 상관없습니다. '동료가 일을 도와달라고 할 수 있음', '급한 회의가 들어올지도 모름'과 같은 외적인 문제는 물론, '스마트폰 게임을 함', 'SNS를 확인함'처럼 내적인 문제까지 방해될 만한 것은 모두 적습니다.

목록이 완성되면 그다음에 각각의 문제에 대한 대책을 세웁니다.

- ⊙ 동료가 일을 도와달라고 할 수 있음 → 빨리 해야 하는 일이 있다며 거절한다.
- ⊙ 급한 회의가 들어올지도 모른다 → 회의 때문에 못한 작업은 타임 박싱을 사용해 다음 날로 옮긴다.
- ⊙ 나도 모르게 SNS를 확인한다. → SNS 사용을 제한하는 앱을 다운로드한다.

런던 비즈니스스쿨의 실험에 의하면, 2주간에 걸쳐 대책을 미리 계획한 실험 참가자는 일의 변수가 전체 노동 시간의 20%를 넘는 상황에서도 생산성이 저하되지 않았습니다[23]. 반면 대책을 미리 계획하지 않은 실험 참가자는 생산성과 의욕이 크게 떨어졌다고 합니다. 의외의 변수에 약한 사람일수록 시도해 볼 가치가 있습니다.

나에게 딱 맞는
시간 관리 기술을 고르려면?

이상으로 미래의 예상이 어긋나는 방식에 대한 대책을 모두 설명했습니다. 마지막으로 예상의 4가지 유형(114쪽)에 나타난 '개인차'에 따른 최적의 시간 관리 기술 조합법을 살펴봅시다.

Ⓐ **용량초과형** : 이 유형은 실제로는 시간을 잘 쓸 수 있어도 항상 뇌에 해야 할 일의 이미지가 떠올라서, 그 때문에 초조함이나 불안이 가라앉지 않습니다. 대책을 순서대로 생각해 보면, 프리코미트먼트(137쪽)'를 도입해 자신을 위해서만 사용하는 시간을 확보하고 그다음에 'SSC 훈련(144쪽)'를 반복해 예상의 수를 줄입니다. 그다음은 스스로 예상이 그래프에서 어느 쪽으로 기울어졌는지를 판단하면서 거기

에 적합한 옵션 기법을 도입해 보세요.

Ⓑ **금욕형** : 기본적으로 시간 문제가 생기기 어려운 유형이므로 스스로 예상이 너무 선명하지 않은지에 신경 쓰는 게 좋습니다. 만약 예상이 너무 뚜렷해 인생의 즐거움을 즐기지 못하고 있다는 기분이 들면 프리코미트먼트(137쪽)'를 중심으로 단기적 보상의 수를 늘려보세요.

Ⓒ **간단추구형** : 중요도가 낮은 작업에 눈이 가기 쉽고 최종적인 능률이 떨어지기 쉬운 유형입니다. 이 경우는 우선 '타임 박싱(120쪽)'과 'SSC 훈련(144쪽)'을 철저히 지키는 방향으로 하면 좋습니다. 다만 작업을 귀찮아해서 유지하지 못하는 경우가 자주 있습니다. 그럴 때는 '작업 분해(128쪽)'나 '하루 단위로 생각하기(133쪽)'처럼 손이 덜 가는 옵션부터 시도해 보세요.

Ⓓ **무기력형** : 이 유형은 머리에 떠오르는 이미지 수가 적은 데다 장기 프로젝트에도 의욕이 오르지 않습니다. 갑자기 '타임 박싱'을 실시하는 것은 부담이 높으므로, '작업 분해'와 '구체적으로 상상하기(129쪽)'

부터 실천해 미래 예상이 뚜렷해지는 감각을 익힙니다. 그와 동시에 4장에서 다루는 소소한 성공 찾기(197쪽)'나 '프롬프터 따라하기(176쪽)'의 기법을 조합해 보는 것도 의욕 향상에 도움이 됩니다.

이상으로 대략적인 가이드라인을 정리해 보았습니다. 스스로 미래의 예상이 어긋나는 방식을 파악하는 것이 어려운 사람도 있습니다. '시간 감각 유형 테스트'에서도 설명한 것처럼 작업의 종류나 환경에 따라 유형이 바뀌므로 어느 기법을 시도해 봐야할지 고민되는 게 당연합니다.

그럴 때는 테스트뿐만 아니라 자신의 감각이나 감정도 함께 고려하여 판단해 보세요. 만약 특정 작업을 앞두고 초조함이나 압박감이 든다면 그때의 당신은 '용량초과형' 모드로 들어간 것인지도 모릅니다. 간단한 작업만 하고 싶어졌다면 '간단추구형'이 된 것이고, 의욕이 제로라면 '무기력형'으로 전환했을 가능성이 있습니다.

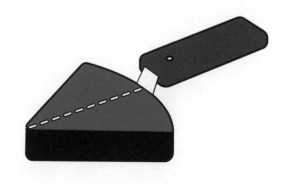

과거
다시쓰기

'기억'의 정확도를 높이는 11가지 방법

"과거를 기억 못 하는 이들은 과거를 반복하기 마련이다."
Those who cannot remember the past are
condemned to repeat it.

조지 산타야나(1863-1952)
철학자
George Santayana
Philosopher

과거가 사라지면
미래도 사라진다

미국 코테니컷주의 헨리 몰래슨(Henry Gustav Molaison)은 뇌전증을 앓아 아홉 살 때부터 심한 발작으로 고통받았습니다. 1953년, 그는 27세에 뇌수술을 받았습니다. 해마와 편도체 3분의 2를 제거하는 대수술이었습니다.

다행히 수술 후 발작은 멈췄고 순조롭게 회복했습니다. 이제 평온한 나날을 보낼 수 있을 줄 알았는데, 헨리의 고난은 끝나지 않았습니다. 수술을 마친 직후부터 그는 자신에게 일어난 새로운 사건을 기억할 수 없게 된 것입니다.

헨리가 기억하는 것은 월가 폭락, 진주만 공격과 같이 27세였을 때 겪은 사건뿐이었습니다. 수술 후에 알게 된 사람은 몇 번을 만나도 초면처럼 대했고, 어제 본 TV프로그램이나 영화도 기억하지 못했습니다. 모든 일은 20초도 안 되어 뇌에서 사라져버렸고 그는 '영원한 지금'에 갇힌 채로

55년의 삶을 마쳤습니다.

이 사례로 알 수 있는 사실은 여러 가지가 있겠으나, 그중에서도 가장 흥미로운 것은 헨리가 과거를 잃은 동시에 미래까지 잃어버렸다는 점입니다. 새로운 일을 기억할 수 없게된 직후부터 그는 미래를 전혀 그릴 수 없게 되었습니다[1].

내일 또 병원을 방문할 나, 1개월 후에도 지금과 같은 집에 살고 있을 나, 1년 후에는 해외여행을 할지도 모르는 나. 이렇게 우리는 모두 언제든 미래의 자신을 그릴 수 있고, 그 상상을 바탕으로 매일의 판단을 내립니다. 하지만 헨리의 머리에 떠오르는 미래는 언제나 공백이었습니다. 마치눈앞에 하얀 도화지만 있는 상태인 것이지요.

헨리의 경우처럼 기억장애 환자에게서 미래가 상실되는현상은 드문 일이 아닙니다. 런던대학 등의 실험에 의하면, 뇌의 기억 영역에 손상을 입은 환자는 "다음 크리스마스를상상해 보세요."라고 말해도 하얀 도화지 같은 이미지밖에떠올릴 수 없었습니다. 트리 장식이나 징글벨 소리와 같이단편적인 이미지만 떠올릴 수 있다고 보고되었습니다[2].

심지어 기억장애 환자는 시간의 흐름이 뒤틀리기가 쉽습니다. 1973년 진행된 헨리 몰래슨 연구에 의하면, 그가 시간의 경과를 제대로 추측할 수 있는 것은 20초까지였습니다[3]. 요컨대 그는 자신의 기억력이 유지되는 한계 내에서만 시간을 느낄 수 있었던 것입니다.

헨리 몰래슨의 경우에서 알 수 있듯이, 우리가 시간을 느끼는 데에는 '기억'의 영향을 받습니다. 기억을 토대로 미래를 그리는 작업은 누구나 일상에서 당연하게 하고 있습니다. 일주일 전의 집안일을 회상하여 그 기억을 토대로 다음 청소 계획을 세운다거나 날짜를 헤아려 운동 일정을 짜는 행위는 누구나 익숙한 일일 테지요.

하지만 신경과학자 드웨인 고드윈은 여기서 정말 중요한 것을 말합니다.

"인간이 1분을 어느 정도 정확하게 짐작하는 것은 그 전 1분의 '감각'을 기억하기 때문이다."

우리가 느끼는 '내일'이란 '어제의 나'를 미래에 넣어 그려 본 멘탈 모델일 뿐입니다. 다음 1초가 지나는 동안에도 인간의 뇌는 과거의 기억으로부터 미래의 1초를 만들어내고, 이를 시간의 경과로 느끼게 합니다. 그렇기 때문에 기억을 떠올릴 수 없는 사람은 시간의 흐름을 잘못 생각하여 시간을 잘 사용할 수 없게 됩니다.

사실 뇌 과학자 데미스 허사비스(Demis Hassabis)의 분석에서도, 과거의 체험을 능숙하게 기억하지 못한 사람일수록 미래를 그리는 데 서툴고, 그 때문에 시간 감각에 문제가 생긴다고 보고되었습니다[4]. 과거의 기억 없이 미래는 존재하지 않습니다.

과거 기억의 개인차는 4가지 유형으로 분류할 수 있다

그럼 시간 감각을 좌우하는 기억 유형을 살펴봅시다. 인간의 기억은 4가지 요소로 이루어져 있습니다.

① 기억한 것이 맞음 : 기억이 실제 사건을 반영하는 상태

② 기억한 것이 틀림 : 기억이 실제 사건과 다른 상태

③ 긍정적으로 기억함 : 기억의 해석이 긍정적인 상태

④ 부정적으로 기억함 : 기억의 해석이 부정적인 상태

처음 두 가지는 뇌의 기억이 '정말 맞는가?'를 묻는 게 핵심입니다. 실제로는 서류 작성에 3시간이 걸렸는데도 '1시간 만에 완성했다'라고 기억하거나 애초에 작업한 기억 자체를 잊어버린 경우, 그 기억은 왜곡되어 당신이 시간을 계산할 때 오류를 일으킵니다. 반대로 기억이 정확한 경우에

는 시간을 계산하는 데에 문제가 없습니다.

그다음 두 가지는 특정한 기억을 어떻게 해석하느냐입니다. 예를 들어 서류를 3시간 만에 만들었다는 사실에 대해 '나는 생산성이 낮다'라고 생각하면 부정적인 기억이고, 반대로 '최상의 성과이다'라고 생각하면 긍정적인 기억입니다. 미래를 예상하는 것과 마찬가지로 기억도 당신의 타고난 성향이나 환경에 따라 다르며 각각의 조합으로 기억의 '개인차'가 생깁니다.

과거의 기억은 다음과 같이 네 가지 영역으로 이루어져

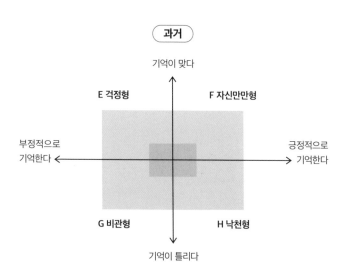

　　　　　　　　　　CHAPTER 4 과거 다시쓰기

있습니다.

⒠ **걱정형** : 과거의 기억은 맞지만 그 내용을 부정적으로
파악하고 있는 상태입니다. 과거의 부정적인 기억
을 행동의 기준으로 삼기 때문에 유익한 작업에 손
대지 못하고 허투루 보내는 시간이 늘어나는 경향
이 있습니다.

⒡ **자신만만형** : 과거의 기억이 정확하고 이미지화가 명
확한 상태입니다. 그래서 시간 계산을 잘하고 생산
성도 높은 경향이 있습니다. 다만 지나치게 긍정적
으로 기억하는 경우에는 부작용이 일어나기 쉬우므
로 주의가 필요합니다.

⒢ **비관형** : 기억의 해석이 부정적인 데다 그 내용에도
오류가 많은 상태입니다. 그 때문에 미래가 불안하
다고 여겨 중요한 작업을 시작하는 것을 피하기 쉽
습니다.

⒣ **낙천형** : 과거의 시간 사용을 잘못 기억하지만 긍정
적으로 해석하는 상태입니다. 잘못된 기억을 바탕
으로 행동함에도 불구하고 자신의 능력에 대한 자

신감이 크기 때문에 일정을 잘못 짜고, 중요도가 낮은 작업에 시간을 낭비하기 쉽습니다.

기억의 개인차에 따라 적합한 기술을 사용하지 않으면 시간 계산에 당신의 기억을 제대로 활용할 수 없습니다.

그럼 이제 기억이 어긋나는 유형에 따른 최적의 시간 관리 기술을 알아보겠습니다. 이번 장에 소개하는 기법도 메인과 옵션 두세 개로 나누어 있으니, 우선 메인 기술부터 시도해 효과를 확인해보고 옵션도 적용해 보세요.

과거 기억이 어긋나는 유형 ❶
기억의 오류가 크다

(비관형, 낙천형)

기억이 어긋나는 유형 중 첫 번째는 기억의 오류가 너무 커서 시간 사용법에 문제가 생기는 패턴입니다. 사실은 방 청소에 1시간을 소비했는데도 '30분 만에 끝냈다'라고 생각하거나 프로젝트 달성까지 1개월이 걸렸는데도 '2주 만에 끝냈다'라고 생각하는 식입니다. 이처럼 틀린 기억 때문에 현실성 없는 계획을 세우는 사람을 본 적이 있을 것입니다. 이러한 문제에는 다음의 원인이 있습니다.

⊙ **작업의 난이도** : 우리의 시간 감각은 작업 난이도에 좌우됩니다. 과거에 했던 작업을 '쉬웠다'고 기억할 때는 비슷한 작업에 걸리는 시간을 실제보다도 짧게 인식하고, 반대로 '어려웠다'고 기억할 때는 비슷한 작업에 걸리는 시간을 실제보다 길게 생각하기 쉽습니다[5]. 보통 간단한

작업이 재미있는 경우가 많은데 그 때문에 실제보다 시간이 빨리 지난 것처럼 느껴질 수 있습니다.

⊙ **기억의 강도** : 대부분의 사람은 임팩트가 강했던 기억일수록 자주 떠올리고, 평범한 일상은 잘 떠올리지 않는 경향이 있습니다[6]. 따라서 일상의 작은 기억을 무시하고 임팩트가 강했던 사건을 바탕으로 미래 계획을 세우는 경우가 많은데 그 때문에 시간을 잘못 계산합니다.

⊙ **앵커링** : 앵커링(anchoring, 정박 효과)은 의사 결정을 할 때 처음 얻은 정보에 의존해 버리는 경향을 말합니다[7]. 예를 들어 프로젝트 초반에 '한 달 안에 납품한다'라고 계획했지만 나중에 실제로는 3개월이 필요하다는 것을 알았다고 합시다. 제대로 하려면 스케줄을 변경해야 하는 상황이지만 많은 사람이 '한 달 조금 지나면 끝낼 수 있을 거야'라고 생각하며, 계획을 크게 바꾸려 하지 않습니다. 무의식중에 '한 달'이라는 초기 목표가 머리에 박혀 최소한의 조정만으로 넘어가려 하기 때문입니다.

이러한 문제로 자주 고민하는 사람은 기억의 오류를 바로잡는 것이 최선입니다. 그러기 위해서 도움이 되는 기술을 살펴봅시다.

기억의 오류를 바로잡는 방법은 여러 가지가 있는데, 현시점에서 가장 효과가 높은 것이 '시간 기록하기(Time Log)'입니다. 자신이 어떻게 시간을 썼는지를 기록해 나가는 방법으로 다음 페이지에 있는 것과 같은 시트를 사용합니다.

- ⊙ **시간** : 1열에는 10분 또는 15분 단위로 시간 간격을 할당합니다.
- ⊙ **행동** : 자신의 행동을 기록하는 영역으로, 크든 작든 가리지 말고 하루에 한 모든 행동을 적어 넣습니다.
- ⊙ **효과** : 이 영역에는 A, B, C의 3단계로 행동의 효과를 평가합니다. 시간을 잘 사용했다고 생각되면 A를, 불필요한 시간을 보냈다고 판단되면 C를 씁니다.

피터 드러커(Peter Ferdinand Drucker)도 "유능한 사람일수록 자신의 시간이 어디로 흘러가는지부터 파악한다."

시간 기록

시간(분)	행동	효과
30	업무 처리	C
15	10명에게 메일 발송	B
10	빨래	C
20	영상 보면서 운동	A
30	점심 만들어 먹기	A
20	과거 홈스테이 했던 호스트에 연락하기	A
25	근력 운동	B
10	YouTube 시청	C
10	낮잠 자려고 했으나 실패	C
10	쓰레기 버리기	B
15	설거지	B
30	아이 밥 차려주기	A
10	식탁 정리하기	A
10	세탁기에서 건조기로 세탁물 옮기기	C
30	업무 처리	B
10	A씨에게 메신저로 질문하기	A
15	줌 미팅	B
15	B씨와 전화로 미팅	A
90	삶의 보람 차트 작성	A
10	쇼핑 앱 보기	C
180	업무 처리	C

라고 말했습니다. 그는 어디를 가든 시간 기록지를 가지고 다니면서 데이터를 기록합니다.

당신이 하루에 한 행동을 모두 기록하면 됩니다. 아침 샤워 시간, 이동 시간, 점심 때 잡담한 시간, 방 청소 시간, 인터넷 사용 시간, 수면 시간 등 작업이 크든 작든 상관없이 모두 기록합니다. 10분, 15분마다 매번 쓸 필요는 없으며, 1시간에 한 번 또는 3시간에 한 번을 주기로 모아서 한꺼번에 적어도 됩니다.

시간 기록은 다음과 같이 사용합니다.

① 새로운 작업의 계획을 세우기 전에 기록에서 비슷한 작업을 찾는다.
② 그 작업에 걸린 시간을 참고해 스케줄을 짠다.

당신이 새로 기획서를 써야 한다면 이전에 비슷한 작업을 했을 때 걸린 시간을 바탕으로 계획을 세우고, 새로 주방을 청소하려고 한다면 과거의 청소 기록을 바탕으로 스케줄을 짭니다. 이것으로 시간 기록법 소개는 끝났습니다.

간단한 기법이지만 시간 기록의 효과는 큽니다. 맥쿼리

대학 연구팀이 실시한 실험에서, 연구팀은 학생 실험 참가자를 모아 두 가지 방식으로 단순 작업의 시간을 짐작해 보라고 지시했습니다[8].

- ⊙ 작업의 디테일을 파악해 시간을 짐작한다.
- ⊙ 같은 작업에 걸린 과거 기록을 참조해 시간을 계산한다.

첫 번째는 작업의 세세한 부분을 확인하면서 시간을 짐작해 보는 방식입니다. 예를 들어 '책상 청소하기'라는 작업이라면 '필요한 청소도구 확인하기', '책 수납 장소 체크하기'와 같이 작업의 과정을 세세하게 나누어 생각하여 그것을 바탕으로 필요한 시간을 짐작합니다.

두 번째는 비슷한 작업에 걸린 시간을 바탕으로 작업 계획을 세우는 방식입니다. '책상 청소하기'라면 '서류를 정리했음', '책상을 닦았음' 등 과거 비슷한 작업을 참고해 시간을 계산하는 것입니다.

실험 결과, 과거 기록을 사용한 그룹은 시간 계산을 잘했고, 기억의 오류가 큰 사람일수록 효과도 큰 경향이 있었습니다. 이에 반해 작업 디테일을 파악해 시간을 계산한 그룹은 효과가 없었다고 합니다.

그도 그럴 것이, 시간 기록 안에 포함되는 것은 작업이 잘되었을 때의 데이터뿐만이 아닙니다. '필요한 정보가 모이지 않았다', '아이가 열이 났다' 등 예상 밖의 일로 작업이 지연된 경험도 포함되어 있습니다. 이처럼 평소에는 간과하기 쉬운 문제를 시간 기록 덕분에 떠올릴 수 있습니다. 그러면 결과적으로 기억의 정확성이 높아집니다.

| [옵션 기술 ❶] 다른 사람에게 시간 계산 부탁하기

기억의 오류를 바로잡으려면 '다른 사람에게 묻기'도 효과적입니다. 동료나 친구에게 작업 내용을 설명하고 '이 작업을 내가 얼마 만에 해낼 것 같아?' 하고 물어봅니다.

자신의 작업을 다른 사람에게 묻는 것은 의미가 없다고 생각할지도 모르지만, 실은 제삼자가 시간 계산을 잘한다는 것은 여러 연구로도 증명되고 있습니다.

대표적인 것은 월프리드 로리에 대학 연구팀의 조사로, 연구팀은 학생 실험 참가자에게 "졸업 논문 완성에 필요한 시간을 계산해 보세요"라고 지시했습니다. 대부분은 평균 34일이면 작업이 끝날 것이라고 했으나 실제로는 대부분

완성까지 약 56일이 소요되었다고 합니다[9].

그런데 이때 실험 참가자에게 "다른 학생의 소요시간을 추측해 보세요"라고 지시해 봤더니 놀라운 결과가 있었습니다. 다른 사람의 시간을 추측한 학생은 참고할 만한 데이터가 없는 상황에서도 좀 더 현실에 가까운 추측을 했던 것입니다.

아무래도 자신의 작업이라고 하면 기억의 오류를 범하기 쉽지만 다른 사람의 작업에 대해서는 갑자기 객관적인 시점을 되찾는 게 인간인 듯합니다. 신속하고 정확하게 시간을 계산하고 싶을 때는 우선 다른 사람에게 물어보세요.

| [옵션 기술 ❷] 프롬프터 따라하기

프롬프터(prompter)는 연극에서 배우가 대사를 잊을 때를 대비해 무대 앞에 숨어서 대사를 상기시켜 주는 사람을 말합니다. '프롬프터 따라하기'는 펜실베이니아 대학 와튼 스쿨 연구팀이 고안한 시간 관리 기술로, 1,028명의 남녀를 대상으로 검증을 실시하였습니다. 이 기법을 사용한 그룹은 '매일 운동을 한다'라는 목표 달성율이 크게 오르고 시간 사용법도 좋아졌다고 보고되었습니다[10].

프롬프터 따라하기는 다음과 같이 실시합니다.

① 좀 더 시간을 잘 사용하고 싶다고 생각하는 작업을
    직접 하나 고른다.
② 그 작업을 잘 해내고 있는 지인이나 친구를 찾는다.
③ 최소 이틀에 걸쳐 그 지인이나 친구가 어떻게 작업
    을 해내는지 조사한다. 또는 그 지인이나 친구에게
    어떤 방법을 쓰는지 묻는다.
④ 지인이나 친구가 쓰는 방법을 따라한다.

예를 들어 당신이 '예정대로 서류를 마무리하고 싶다'라고
생각한다면, 같은 작업을 쉽게 해내는 동료나 상사를 찾아
그 사람이 구체적으로 어떻게 작업하는지 연구해 보세요.

정보 수집 방법이 다른가? 더 나은 앱을 사용하나? 독자
적인 동기부여 관리법이 있나? 그 사람의 방법을 파악해 똑
같이 따라 해봅니다. 실천 기간은 약 1주일로, 일단 실천한
기술은 곧바로 효과를 보지 못하더라도 계속해 보세요.

이 기술이 효과적인 이유는 다른 사람의 방식을 따라함
으로써 자신이 기억한 것과 거리를 둘 수 있기 때문입니다.

다른 사람에게서 배운 방법을 따라하게 되면 당신이 과거에 저지른 실수나 문제와 같은 부정적인 기억에 행동이 좌우될 일이 없습니다. 그 덕분에 기억이 어긋나는 습관에 방해받지 않고 본래의 목적을 향해 나아가는 것이 가능해집니다.

인간은 제삼자의 영향을 받기 쉬운 생물이기 때문에 타인을 모방하는 방식이 쉬울 수 있습니다. '존경하는 사람이 쓰는 기술'이라고 생각하면 심리적 저항을 낮출 수 있습니다. 이 기술은 모든 상황에서 적용할 수 있으므로 시간을 잘 사용하고 싶은 작업이 있다면 먼저 그 일을 자신보다 더 잘하는 사람을 찾아보세요.

과거 기억이 어긋나는 유형 ❷
너무 긍정적으로 기억한다

(자신만만형, 낙천형)

'기억이 너무 긍정적'이란 것은 기억에 대한 당신의 '해석'이 지나치게 긍정적인 상태를 말합니다. 사실은 다른 사람이 해줬는데도 스스로 해냈다고 생각하거나, 실제로는 아무 근거가 없는데도 '전에도 잘됐으니까 다음에도 어떻게든 되겠지'라고 생각하는 것이 전형적인 예입니다.

기억이 어긋나는 것에는 여러 가지 심리 경향이 관련되어 있습니다.

⊙ **귀속의 오류** : 긍정적인 결과는 자신의 재능이나 노력 덕분이라고 생각하고, 부정적인 결과는 타인이나 환경 탓으로 돌리는 심리 경향입니다[11]. 이 성향이 큰 사람은 자기 능력을 과신하기 쉽고 과거의 실패 경험을 고려하지 않아 이전과 같은 실수를 반복합니다.

- **기억의 무시** : 안 좋은 기억을 무시하는 심리 경향을 말합니다. 이 성향이 강한 사람은 과거에 오랜 시간이 걸렸던 작업을 '없었던 일'로 여기고 미래를 예측하기 때문에 또다시 이전과 같은 실수를 할 확률이 높아집니다.

- **긍정적 정보의 선호** : 부정적인 정보를 생각하지 않으려는 심리 경향입니다. 이 성향이 강한 사람은 긍정적인 정보를 선호하고 부정적인 정보는 고려하지 않으려 합니다. 예를 들어 새로운 프로젝트를 시작했을 때, '경쟁사들도 비슷하게 일하고 있다'와 같은 정보를 입수하면 리스크가 보여도 과소평가하는 것입니다.

- **사후확증 편향** : 어떤 사건의 결과가 나오면 '그렇게 될 줄 처음부터 알고 있었다'라고 믿어버리는 심리 경향입니다[12]. '그 계획은 원래 안 된다고 생각했어', '역시 그는 성공했구나' 등 나중에서야 평가하는 사람을 한두 명 보았을 것입니다. 이 성향이 강한 사람은 실제 결과를 바탕으로 예측하지 않기 때문에 시간을 계산할 때 오류가 생기기 쉽습니다.

긍정적으로 회상하는 것이 나쁜 것만은 아닙니다. 많은 연구에 의하면, 과거를 긍정적으로 생각하는 사람은 작업의 동기부여가 높고 대체로 인생의 만족도가 높은 것으로 나타났습니다[13].

항상 과거의 자신을 부정적으로 해석하다 보면 '어차피 잘 안 될 거야', '그 계획은 시간이 걸려'와 같은 마음이 강해져서 의욕이 떨어집니다. 이에 긍정적으로 회상하는 것은 실패의 고통을 덜어주는 완충장치로 작용하므로 긍정적인 수준이 적절하다면 멘탈을 지킬 수 있습니다.

그렇다면 너무 지나친 긍정을 적절한 수준으로 되돌리려면 어떻게 해야 할까요? 구체적인 기법을 살펴보겠습니다.

| [메인 기술] 시간 기록 유형 분석

'시간 기록 유형 분석'은 171쪽의 시간 기록하기를 '너무 긍정적인 기억'의 대책으로 응용한 기술입니다. 시간 기록을 분석하고 분류하여 자신의 시간 사용법을 깊이 이해할 수 있을 뿐만 아니라, 너무 긍정적으로 기억하지 않게 하고 스케줄링의 정확도를 높일 수 있습니다.

다음 예시를 참고하여 일주일치 작업 시간을 기록하고

그다음에 단계에 따라 분석을 진행해 보세요.

시간 기록 분류

행동 유형	사용 시간(시)	비율
수면	46	27.3%
외출 준비	5	3%
부업	11	6.5%
식사	13	7.7%
집안일	7	4.2%
친구와의 여가	8	4.8%
인터넷	12	7.1%
운동	4	2.4%
이동 시간	10	6%
회의	6	3.6%
사무 작업	10	6%
정산 작업	13	7.7%
기획 작업	15	8.9%
가족과 여가	3	1.8%
독서	5	3%
합계	**168**	

❶ 단계_행동을 유형별로 나누기

우선 기록한 모든 행동을 몇 가지 유형으로 정리합니다. 유형 분류에 명확한 규정은 없으나 집안일, 업무, 독서, 회의, 수면 등 10~15가지로 구분하면 시간을 분석하기 쉽습니다.

❷ 단계_시간 비율 계산하기

분류가 끝나면 각각의 유형에 소비한 시간을 합하여 총 시간에 대한 비율을 계산합니다.

❸ 단계_쓸데없는 시간 체크하기

계산 결과를 확인하고 당신의 시간 사용법이 어떠했는지 판단합니다. 아래 분류를 참고하여 모든 유형을 구분하세요.

- ⦿ **낭비 시간** : 단기 또는 장기 목표에 아무런 기여를 하지 않은 행동, 안 해도 문제없는 행동에 소비한 시간입니다. 목적 없는 SNS나 게임 등으로 보낸 시간이 전형적인 예입니다.
- ⦿ **헛수고 시간** : 노력을 들인 데 비해 대가가 없는 활동에

소비한 시간입니다.

- ◉ **타인 시간** : 다른 사람이 해도 문제가 없는 일에 소비한 시간입니다. 여행 예약, 문자 회신 등 다른 사람에게 위임해도 문제가 없는 활동을 하며 보낸 시간이 여기에 해당합니다.

- ◉ **틈새 시간** : 치과 예약을 기다리는 시간, 회의가 시작될 때까지의 시간, 컴퓨터 업그레이드 중이라 기다리는 시간 등 작업 도중에 날린 시간입니다.

- ◉ **방해 시간** : 동료와의 잡담, 갑작스러운 회의 참석 등 예기치 못한 방해로 소비한 시간입니다.

- ◉ **대처 시간** : 자신의 부주의나 준비 부족으로 인해 필요 이상으로 많이 소비하게 된 시간입니다.

- ◉ **추가 시간** : 자신의 시간 계산이 허술했던 탓에 예정보다 추가로 쓴 시간입니다.

참고로 이런 시간 분류가 '모든 것이 낭비'라고 말하는 게 아니니 주의하세요. 예를 들어 '낭비 시간'의 예로 SNS 나 게임에 소비한 시간을 들었는데, 업무 스트레스로 게임을 하거나 친구와 연락하려고 SNS를 체크하는 등 명확한 목적이 있었다면 어느 쪽도 낭비라고 할 수 없습니다. 어디까지나 본래의 목표에서 벗어나 시간을 사용한 경우만 분류합니다.

❹ 단계_대책 세우기

쓸데없는 시간을 분류했다면, 그다음에는 비슷한 문제가 발생할 때를 대비해 계획을 세웁니다. 여기서는 151~153쪽에서 다룬 '심사숙고 계획하기'나 '대책 계획하기'를 조합해 보기를 추천합니다. 몇 가지 예를 들어보겠습니다.

- ⊙ 'SNS를 확인하거나 게임을 하고 싶을 때는 일단 잘 생각해 보기'라고 종이에 써서 붙여둡니다(심사숙고 계획하기).
- ⊙ '회의 시작 전까지 틈틈이 스트레칭 등 가벼운 운동하기(장애 대책 계획하기)'와 같이 '자투리 시간이 생기면 구체적인 대책을 계획 한다'라는 것이 기본입니다. 물론 모든 자투리 시간에 대책을 세우는 것은 현실적으로 불가능하므로, 2단계 계산 결과를 참고하여 당신의 시간을 잡아먹는 비율이 가장 높은 것에만 대책

을 세워 보세요. 허투루 흘려보낸 시간을 메꾸다 보면 당신의 뇌에서는 지나치게 과거를 지나치게 긍정적으로 기억하는 것이 줄어들 것입니다.

| [옵션 기술 ❶] 유혹 일기

'유혹 일기'는 당신이 유혹에 빠진 체험을 기록해 나가는 기술입니다. 그 효과는 몇몇 연구에서 확인되었는데 '실패를 기록하는 것만으로 너무 긍정적으로 기억한 것이 바로잡혀 생산성이 올라간다'라는 결과가 보고되었습니다[14].

하루를 마치는 시간에 그날 일어난 '유혹에 빠진 일'을 떠올리며 두세 개 적습니다. '일에 집중하려 했는데 유튜브를 보느라 일정을 1시간 초과했다', '스마트폰 게임을 하느라 운동을 못 했다' 같은 식으로 예정이 어긋난 이유를 한두 문장으로 메모하기만 하면 됩니다.

보통 우리는 '내가 어떤 상황에서 시간을 낭비했는가?'에 초점을 맞추기 때문에 실제로는 유혹에 빠졌는데도 '생각보다 나쁘지 않았다'라고 기억해 버리는 경우가 잦습니다.

'나는 언제, 어디서, 어떻게 유혹에 빠졌나?'를 정기적으로 글로 써서 남기면 조금씩 자신의 행동 패턴이 뇌에 스며

들어 기억이 어긋나는 습관이 수정되어 갑니다.

한 번 하는 데 3분도 걸리지 않으므로 유혹에 넘어가 시간을 낭비하는 일이 잦다고 생각되면 한번 시도해 보세요.

| [옵션 기술 ❷] 오류율 계산하기

'오류율 계산하기'도 시간 기록하기의 응용 기술로, 긍정적으로 기억한 것을 바로잡는 효과가 크다고 알려져 있습니다.

❶ 단계_시간 짐작하기

일을 하기 전에 '지금부터 시작할 일에 어느 정도 시간이 필요할까?' 짐작해 보고 '어림값'으로 구체적인 숫자를 적으세요. '메일 회신은 10분', '방 청소에는 30분'과 같이 말입니다.

❷ 단계_실제 소요 시간 적기

1단계에서 계획한 일을 실제로 실행하고 완료까지 걸린 시간을 '실제 값'에 적습니다.

❸ 단계_오류율 계산하기

1, 2단계를 2~7일간 반복해서 데이터를 모은 후 '어림값' 과 '실제 값'에 적힌 숫자를 각각 합산하세요. 그다음에 '실제 값'의 합계를 '어림값'의 합계로 나눕니다. 그렇게 나온 수가 당신의 '오류율'입니다.

예를 들어 당신이 '기획서 작성은 5일 걸릴 것이다'라고 어림잡았는데, 실제로는 7일이 걸렸다고 했을 때 '7÷5=1.40'이므로 당신은 실제 작업에 걸린 시간보다 40% 적게 계산하는 것입니다.

❹ 단계_오류율 반영하기

다음에 새로운 작업 시간을 계산할 때는 처음에 당신이 추측한 예상치에 3단계의 오류율을 곱합니다. 예를 들어 '보도 자료를 쓰는 데 2일이 걸린다'라고 예상했을 경우, 여기에 오류율을 곱하면 '2×1.40=2.8(일)'이므로 보다 더 현실에 가까운 시간을 도출할 수 있습니다. 이것이 완벽한 예상이라고 단언할 수는 없지만 아무런 수정도 하지 않고 시간을 계산하는 것보다는 훨씬 정확도가 높습니다.

'기억 고쳐쓰기'는 샌프란시스코 주립대학 연구팀이 개발한 기술로, 실패한 과거 기억을 의도적으로 파고들어 오류를 수정해 가는 것입니다[15]. 같은 대학의 학생 172명을 대상으로 한 실험에서, '기억 고쳐쓰기'를 한 그룹은 아무것도 하지 않은 그룹보다 3배나 생산성이 높아지고 시간 사용법이 2배나 능숙해졌음이 확인되었습니다.

기억 고쳐쓰기는 다음 순서로 진행합니다.

❶ 단계_실패 기억하기

실패로 끝난 과거의 행동이나 사건을 떠올립니다. 예정대로 진행되지 않았던 프로젝트, 생각보다 오래 걸렸던 집안일, 무심코 SNS를 하다 1시간을 허비한 일 등 어떤 것이든 상관없습니다.

❷ 단계_구체적으로 기억하기

1단계에서 자신이 어떻게 행동했는지를 가능한 한 구체적으로 머릿속에서 재현합니다. 예를 들어 프로젝트를 도중에 포기한 경험을 골랐을 경우, 마감이 가까워져 초조했던 기분, 상사가 압박을 가하던 모습 등 그때의 상황을 자세하게 머릿속에 그려보세요.

❸ 단계_대책 정리하기

'지금의 지식이나 경험치가 있었다면 그 문제에 어떻게 대처했을까?'라고 생각해 봅니다. 좀 일찍 프로젝트 계획을 세우거나 다른 부서를 통해 자료를 모으거나 동료에게 도움을 청하는 등 '지금이라면 더 잘할 수 있을 텐데…'라는 생각이 드는 대책을 정리해 보세요.

❹ 단계_성공 상상하기

3단계에서 생각해 낸 대책을 사용하여 과거의 실패를 훌륭히 해결한 자신의 모습을 떠올립니다. 그 모습이 마치 실제 일어났던 일인 것처럼 그려보고 30~60초간 상상의 세계에 빠져봅니다.

아주 간단한 기법이지만, 최근 프로 스포츠 분야에서도 사용될 정도로 효과가 높습니다. 과거의 실패에 사로잡혀 제 실력을 발휘하지 못하는 선수의 성과를 개선하는 데 도움이 됩니다.

한 번 하는데 3분도 안 걸리니 기억이 어긋나는 것을 간편하게 고칠 수 있는 기술의 하나로 기억해 두면 좋습니다.

과거 기억이 어긋나는 유형 ❸
너무 부정적으로 기억한다

(걱정형, 비관형)

'기억이 너무 부정적'이란 것은 과거의 일에 대해 부정과 혐오가 뒤섞인 태도만 보이는 상태입니다. 예를 들어 '전에도 같은 일로 실패했다', '이전에도 상사에게 지적받았다'와 같은 부정적인 기억만 떠올리는 식입니다.

부정적으로 기억한 것이 우리의 시간 사용법에 악영향을 미치는 이유는 말하지 않아도 잘 알 것입니다. 항상 과거를 부정적으로 파악한다면 정말 필요한 시간을 쓸데없이 써 버릴지도 모릅니다. 그러면 애초에 미래의 작업에 적극적으로 임할 기분이 들지 않을 것입니다.

너무 부정적으로 기억하는 사람에게는 다음과 같은 문제가 발생하기 쉽습니다.

⊙ 자신감이 낮아집니다. 자신감은 '나는 할 수 있다'라

고 진심으로 믿는 감정입니다. 부정적으로 기억하면 자신의 능력을 실제보다 낮게 잡아서, 조금이라도 어렵게 느끼는 작업은 시작조차 할 수 없게 됩니다.

⊙ 부정적으로 기억하는 사람 중에는 자신의 능력이 부족하다는 것을 인정하기 싫어서 일부러 시간을 헛되이 보내는 경우도 있습니다. 공부를 못하는 걸 인정하는 게 싫어서 계속 인터넷을 하거나 프로젝트 수행 능력이 없는 스스로를 외면하려 일부러 술을 마시러 가는 식입니다. 둘 다 '나는 시간 사용법이 서투른 것뿐 능력이 없는 게 아니다'라고 자위하려는 행동입니다.

⊙ 자신도 '하는 게 좋다'는 걸 아는데 왠지 그 작업에 반감이 들어서 시간을 잘 사용하지 못하는 경우도 있습니다. 예를 들어 '자격증을 따면 업무에 도움이 되지만, 나는 그럴 가치가 없는 인간이다'라는 생각에 사로잡혀 학습 계획을 세울 의욕이 나지 않는 상태입니다. 이런 행동이 잦은 사람은 작업 지연이 많을 뿐만 아니라 폭음, 폭식, 우울증 등에 시달리는 경우도 종종 있습니다.

이러한 문제들의 공통점은 부정적인 기억 때문에 부정적

인 감정이 치밀고 그 불쾌감을 피하는 데 오히려 시간을 허비한다는 점입니다. 하지만 불쾌한 감정을 겪고 싶지 않은 건 누구나 마찬가지입니다. 도망치기만 하면 상황은 나아지지 않습니다.

　너무 부정적으로 기억하는 것에 대처하려면 다음과 같은 기법이 효과적입니다.

| [메인 기술] 부정적 기억 개선 시트

　'부정적 기억 개선 시트'는 인지행동요법이라는 심리치료에서 사용되는 스테디셀러 기술입니다. 본래는 우울증이나 불안증으로 아무런 의욕이 생기지 않는 사람에게 쓰이는 치료법인데, 부정적으로 기억하는 것을 개선하는 효과도 있습니다. 그 메커니즘을 설명하기 전에 먼저 구체적인 사용법부터 살펴보겠습니다.

할 일	내용 세분화	예상 난이도	예상 만족도	실제 난이도	실제 만족도
기사 작성	기사 1에 해당하는 내용 작성	50	30	50	40
	기사 2에 추가할 정보의 자료를 검색	10	20	50	10
	오늘 상사에게 확인받을 내용 정리	30	60	10	40
	기사 3의 확인 사항을 정리	30	20	10	20
	기사 4의 확인 사항을 정리	30	20	40	50

❶ 단계_작업 선정하기

'할 일'을 적는 칸에 당신이 시간을 잘 사용할 수 없는 작업을 적습니다. 어떤 작업이든 상관없지만 서류 정리, 확정신고 준비, 방 청소 등 까다로운 작업일수록 효과를 보기 쉽습니다.

❷ 단계_내용 세분화하기

'내용 세분화' 칸에는 1단계에서 써낸 작업을 순서대로 세분화합니다. 각각의 순서는 30~120초에 완수할 수 있는 수준으로 세세하게 나눕니다. 예를 들어 방 청소를 하고 싶다면, '청소도구 꺼내기', '걸레 빨기', '바닥 청소' 등으로 세분화합니다.

모든 순서를 다 쓸 필요는 없고 처음 4~5개만 쓰면 충분합니다.

❸ 단계_예상 난이도 & 예상 만족도 적기

각각의 순서에 '예상 난이도'와 '예상 만족도'를 0%(전혀 어렵지 않음/전혀 만족하지 않음)부터 100%(매우 어려움/매우 만족함) 사이로 예상합니다. 머릿속으로만 생각하지 말고 꼭 종이에 적습니다.

❹ 단계_실제 난이도 & 실제 만족도 평가하기

마지막으로 각각의 순서가 끝날 때마다 '실제 난이도'와 '실제 만족도'를 0%(전혀 어렵지 않음/전혀 만족하지 않음)부터 100%(매우 어려움/매우 만족함) 이내로 적습니다.

'부정적 기억 개선 시트'는 이렇게 만들면 됩니다. 큰 작업을 세분화하여 각각 난이도와 만족도에 점수를 매기는 것이 포인트입니다.

적어도 2주 정도는 계속 기록하세요. 일정 기간에 걸쳐 훈련을 반복하면 당신의 뇌는 '대부분의 작업은 생각보다 쉽고 만족도가 높다'라는 사실을 깨닫고 조금씩 긍정적인 기억을 쌓아 갑니다. 그 덕분에 다음에 비슷한 작업을 수행할 때 긍정적인 기억을 기반으로 행동하고 나아가 시간을 효율적으로 활용할 수 있게 됩니다.

'부정적 기억 개선 시트'는 장기적으로 당신의 기억을 바로잡아 줄 뿐만 아니라 즉각적인 효과도 있습니다. 아마 대부분의 사람은 부정적 기억 개선 시트를 쓴 직후부터 생각보다 작업 의욕이 높아졌다는 느낌을 받을 것입니다. 이것은 '작업 흥분'이라고 불리는 현상으로, 아무리 귀찮은 작업이라도 일단 시작하면 뇌에서 도파민이 분비되어 의욕을 높입니다[16].

장기적으로도 효과가 있으니 너무 부정적으로 기억하는 사람은 꼭 시도해 보기 바랍니다.

| [옵션 기술 **❶**] 소소한 성공 찾기

'소소한 성공 찾기'는 이름 그대로 '일상의 작은 성공'을 찾아 보는 기술입니다. '소소한 성공'의 내용은 정말 사소한 것이어도 상관없어서 팔굽혀펴기 5회, 요리, 책상 정리 정도도

괜찮습니다. 이러한 사소한 일상 속에서 끊임없이 나아지는 것을 찾아냄으로써 기억이 점차 개선되어 갑니다.

하루의 마지막에 5분 정도 시간을 내어 실천하면 좋은데, 우선 당신이 그날 경험한 작은 성공을 적습니다. 아무리 보잘것없는 성과도 좋으니까 '오늘 달성한 것은 무엇인가?'를 생각해서 씁니다.

그때는 '달성한 것 + 얻은 장점'이라는 간단한 형식을 사용할 것을 추천합니다.

⊙ 오늘도 달리기를 10분했고 건강한 몸에 한 걸음 가까워졌다.

⊙ 서류 쓰기만 마쳐서 전체의 5% 정도 작업이 진행되었다.

이처럼 작은 성취와 장점을 적는 것만으로도 당신의 뇌는 '의외로 나는 앞으로 나아가고 있다'라는 실감이 들어 부정적인 기억이 조금씩 개선됩니다. 만약 작은 성취를 생각할 수 없을 때는 아래 질문에 대해 생각해 보세요.

⊙ 오늘 했던 일로 동기부여가 된 일은 무엇일까?

⊙ 목표에 조금이라도 가까워졌을까?

⊙ 오늘 성취감을 느낀 적은 없었나?

⊙ 이번 주에 뭔가 좋은 일을 한 적이 있나?

⊙ 계속 작은 성공을 하기 위해 내일 할 수 있는 일은 없
  을까?

우리는 인생의 큰 성과에만 주목하고 일상의 작은 성과
를 무시하기 쉽습니다. 사실은 누구나 매일 작은 성공을 체
험하고 있는데, 많은 사람이 '프로젝트 완료', '시험 합격'이
라는 화려한 사건에만 초점을 맞추어 소소한 달성은 기억
하지 않습니다. 그래서 이 기술이 더 효과적일 수 있습니다.
의도적으로 작은 성공에 주목하는 것이 소소한 성공 찾기
의 핵심입니다.

매일 작은 성공을 경험하는 것의 중요성에 대한 조사는
근래 자주 이루어져, 몇 가지 연구가 보고되었습니다. 예를
들어 빅토리아 대학 연구팀이 101명을 대상으로 실시한 실
험에서, 소소한 성공을 의식하며 산 그룹에서는 삶의 만족
감 증가, 우울 증세 감소 등의 변화가 확인되었습니다[17].

예일 대학 연구팀의 조사에서도, 정기적으로 소소한 성

공에 신경 쓴 그룹은 긍정적인 감정이 증가하였고, 부정적으로 기억했던 사람일수록 작업 성과가 향상되었습니다[18].

부정적으로 기억하는 사람은 하루에 하나라도 좋으니 작은 성공을 찾아보세요. 그것만으로도 당신의 기억은 점차 개선됩니다.

| [옵션 기술 ❷] 조언하기

부정적인 기억이 유발하는 자신감 저하를 막기 위해서는 같은 목표를 가진 사람에게 조언하는 것도 효과적입니다. 당신이 공부를 고민하고 있다면 같은 것을 배우는 사람에게 조언하고, 프레젠테이션 자료를 만들고 싶다면 같은 회의에 참석하는 동료에게 조언을 해보는 것입니다.

이는 펜실베이니아 대학 연구팀이 효과를 확인한 기법으로, 연구팀은 7개 고교에 다니는 약 2,000명의 학생에게 실험을 했습니다. 절반의 학생에게 '공부나 숙제로 고민하는 후배들에게 조언해 주세요'라는 요청을 했습니다. 그랬더니 후배에게 10분 정도 조언한 그룹은 공부 시간이 38%나 늘었고 그 효과는 자신감이 낮은 학생일수록 큰 경향이 있었습니다[19].

타인에게 조언하는 게 효과적인 이유는, 누군가에게 조언함으로써 '나는 다른 사람을 돕고 있다'라는 느낌이 뇌에 새겨져 이것이 자신감 개선으로 이어지기 때문입니다. 따라서 이 기술을 잘 사용하려면 당신과 같은 목표를 가진 동료에게 말을 걸어 서로 조언하자는 약속을 하는 것이 좋습니다. 조언을 교환하면 자신감이 높아지고 시간을 잘 사용하고자 하는 의욕도 높아질 것입니다.

만약 주변에서 적당한 사람을 찾을 수 없을 때는 대안으로 다음과 같이 자문해 보세요.

〔만약 친구나 동료가 같은 문제로 고민한다면 나는 어떤 조언을 할까?〕

물론 동료에게 실제로 조언하는 것이 더 효과적이지만, 다른 사람에게 조언하는 걸 상상만 해도 자신감이 올라갑니다. 그러면 같은 문제에도 더욱 자신 있게 대처할 수 있습니다.

| [옵션 기술 ❸] 성공 경험 반영하기

'성공 경험 반영하기(Reflection)'는 의사결정조사로 유명한 기업인 클리어싱킹에서 개발한 기술로 특히 자신감이 낮은 사람에게 큰 효과를 발휘합니다[20].

2018년 이 회사는 약 500명의 남녀를 모아 '목표 달성에 효과적인 기술은 무엇인가?'를 확인하는 조사를 실시했습니다. 구체적으로는 '매일 정해진 시간에 실행하기', '시작 시간에 알람 맞추기'와 같은 기술을 23종류나 골라 참가자에게 모든 것을 해보도록 했습니다. 2년에 걸쳐 1,256건의 실행 데이터를 추적하여 가장 효과가 높았던 것을 조사했습니다.

그 결과 1위는 바로 '성공 경험 반영하기'였습니다. 조사에 따르면 이 기술을 사용한 참가들은 다른 그룹보다 평균적으로 일주일에 0.7회씩 더 많은 작업을 실천해, 다른 기술에 비해 목표를 달성할 확률이 2.4배나 개선됐습니다. 본인의 평가만 반영되고 동료의 평가가 이뤄지지 않은 연구이긴 하지만 그래도 시도할 가치는 충분합니다.

성공 경험 반영하기는 세 단계로 구성되어 있습니다.

❶ 단계_성공 경험 찾기

과거의 자신을 돌아보며 당신이 장기적으로 행동을 바꾸거나 새로운 목표를 달성하는 데 성공한 경험을 하나만 고릅니다. 지금 달성하고 싶은 목표와 무관한 것이라도 상관없습니다. 뭐든지 좋으니 자신이 과거에 성공을 거둔 경험을 하나 고르세요.

❷ 단계_성공 분석하기

1단계에서 선택한 경험을 떠올리면 '그때는 어떤 전략을 사용했지?', '그때 잘된 것은 어떤 환경 때문이었을까?', '그때 잘된 이유는 무엇일까?' 하고 생각해 보고 과거 상황에서 배운 바를 적습니다. '당시에는 함께 목표를 좇는 친구가 있었다', '그때는 캘린더에 세세하게 스케줄을 설정했다' 등 생각나는 성공 요인을 두세 개 고릅니다.

❸ 단계_계획 세우기

2단계에서 생각해낸 요령을 새로운 작업에 적용하기 위해 간단한 계획을 세웁니다. '이번에도 같이 운동할 동료를 찾아보자', '목표까지의 단계를 세세하게 설정해서 캘린더에 적는다'와 같이 두세 문장으로 정리합니다.

과거의 성공 경험을 떠올려서 이유를 분석하고 새로운 계획에 반영하는 이 기법이 효과적인 것은 과거의 성공 체험을 떠올리면 자신감이 높아질 뿐 아니라 다시 한번 기억을 깊이 들여다봄으로써 자신 안에 객관성이 생겨 보다 더 현실적인 대책을 세울 수 있기 때문입니다. 작업에 자신이 없을 때 한번 시도해 보세요.

과거 기억의 개인차에 맞는
시간 관리 기술을 고르려면?

기억이 어긋나는 것에 대한 대책을 적용할 때 마지막으로 각자의 '개인차'에 적합한 시간 관리 기술의 조합 방법을 알아두면 좋습니다.

Ⓔ 자신만만형

시간 사용법에 대해서는 문제가 잘 생기지 않는 유형이므로, 자신이 너무 긍정적으로 기억하지 않는지 주의하세요. 만약 자신의 능력을 과신하는 경향이 강할 때는 '유혹 일기(186쪽)'나 '시간 기록 유형 분석(181쪽)'을 중심으로 실천하면서 자신의 실패를 떠올리는 작업을 반복하세요.

Ⓕ 걱정형

일단 시작하면 능률은 높지만 자신감이 낮은 탓에 일에

대한 자신감도 낮은 유형입니다. 일단 '부정적인 기억 개선 시트(194쪽)'로 자신감을 높이는 것부터 시작하세요. 그래도 부정적인 기억이 개선되지 않는다면 '소소한 성공 찾기(197쪽)'와 '조언하기(200쪽)'를 세트로 진행해 최대한 자존감을 높여보세요.

또 부정적인 기억 때문에 눈앞의 작업에 압박감이 들 때는 '작업 분해(128쪽)'와의 조합도 생각해 보세요.

ⓖ 낙천형

시간을 어림할 때 느슨하기 쉬워서 현실성이 없는 스케줄을 세우기 쉬운 유형입니다. 대책의 순서로는 우선 '시간 기록하기(171쪽)'를 습관으로 해 자신의 시간 사용법을 파악하고 그다음에 한층 더 '시간 기록 유형 분석'을 시도하여 가능한 한 현실적인 시간 감각을 길러 나가보세요.

ⓗ 비관형

작업을 해낼 자신이 없고 시간 계산도 잘 못하는 유형입니다. 우선 자신감부터 끌어올리도록, '부정적인 기억 개선 시트(194쪽)'를 습관화하는 것부터 시작합시다. 이 작업에 익숙해지면 '시간 기록하기(171쪽)'도 도입해 보세요.

이상으로 '개인차'의 대책 가이드라인을 살펴보았습니다. 다만 작업의 종류에 따라 과거 기억의 시각이 전환되는 사람도 적지 않으므로 주의하세요. 예를 들어 기획서를 만들 때는 자신에게 편리한 기억만을 참조하는데, 방을 정리할 때는 갑자기 부정적으로 기억해 버리는 경우입니다.

이런 경우에는 내키지 않는 작업을 시작하기 전에 '지금 나는 작업의 난이도를 얕잡아보기 때문에 의욕이 없는 걸까, 아니면 작업에 대한 불안감 때문에 의욕이 없는 걸까?' 하고 스스로에게 물어보세요. 얕잡아 보기 때문이면 기억이 긍정적이라고, 불안감 때문이라면 기억이 부정적이라고 판단할 수 있습니다.

CHAPTER 5

효율의 압박에서
벗어나기

시간을 '잘 사용하고 싶다'는 마음이
시간 부족을 일으키는 이유

"인간의 모든 잘못은 초조함에서 온다."
All human errors are impatience.

프란츠 카프카(1883-1924)
작가
Franz Kafka
Novelist

우리의 자유시간은 늘어나지도
줄어들지도 않았다

지금까지 시간을 '잘 사용하는' 방법을 알아보았습니다. 먼저 시간 관리 기술의 효과는 사람마다 차이가 있다는 사실을 이해하고, 그 차이에 따라 생산적인 일정을 짜는 방법을 확인했습니다. 또한 과거의 기억을 바로잡고 그것을 기반으로 정확도가 높은 일정을 짜는 데 도움이 되는 기술을 소개했습니다. 소개한 기술 중 하나를 실천해 보는 것만으로도 당신의 시간 효율은 향상될 것입니다.

다만 유감스럽게도 모든 기술을 익혔다고 해도 우리가 안고 있는 근본적인 문제는 해결되지 않습니다. '타임 박싱'이나 '시간 기록하기'를 완벽하게 해낸 경우에도 대부분의 사람에게는 중대한 고민이 여전히 남아있을 것입니다. 그 고민은 바로 이런 기분들입니다.

⊙ 계속 압박감이 든다.

⊙ 항상 무언가에 쫓기는 기분이다.

⊙ 일은 정리되고 있는데도 불안이 가시지 않는다.

⊙ 시간을 잘 사용하는 것 같지 않다.

⊙ 아주 지루하다가 잔뜩 긴장감이 들다가를 반복한다.

만약 당신이 이런 기분에 시달리고 있다면 그것은 혼자만의 문제가 아닙니다. 전미과학재단(NFS)의 최근 조사에 따르면, 이같은 사람이 1972년부터 세계적으로 꾸준히 증가하여, 응답자의 약 70%가 '시간에 쫓기고 있다'라고 답했습니다.

일본도 크게 다르지 않은 상황이라, '세이코시간백서(일본 기념일인 '시계의 날' 6월 10일에 시계 제조기업 세이코에서 발표하는 시간에 대한 의식이나 실태 조사-역자주)'에 따르면 '시간에 쫓기고 있다'라고 답한 사람의 비율은 70% 전후로 증가했고, '하루 24시간으로는 부족하다'라고 답한 사람도 약 56%를 차지하고 있습니다.[1] 시간에 쫓기는 기분은 선진국에서 공통적으로 나타나는 현상인 듯합니다.

하지만 여기서 신기한 점은 모두가 '시간이 없다'라고 입

을 모으지만, 실제로 우리에게 주어진 자유시간은 늘어나
지도 줄어들지도 않았다는 것입니다.

　일본 총무성의 사회조사를 분석한 자료를 보면, 일본인
의 여가 시간은 수면 시간을 포함하여 주당 평균 110시간으
로, 이 숫자는 1940년부터 현재까지 거의 변하지 않았다고
합니다[2·3]. 또한 메릴랜드 대학의 연구팀이 다양한 나라에서
일기를 수집하여 분석한 결과, 과거 50년간 선진국 사람들
이 일에 소비하는 시간의 합계는 늘어나기는커녕 감소한 지
역도 많았고 여가 시간도 거의 변동이 없었습니다[4·5].

시간 효율의 추구가
시간 부족을 일으킨다

앞서 말했듯이 '시간이 없다'라고 느끼는 사람은 계속 증가하고 있는데, 실제로 현대인에게 주어진 시간은 거의 변하지 않았습니다.

정말 불가사의한 이야기이지만, 많은 사회심리학자는 이러한 현상이 일어나는 이유를 '지나친 시간 효율 추구'로 꼽습니다. 짧은 시간에 최고의 성과를 내려 하거나 불필요한 작업을 모두 빼려 하거나 작업 속도의 최적화를 시도하는 등 생산성에 집착하는 태도야말로 문제의 근원이라는 말입니다.

시간의 효율성을 따지고 불필요한 작업을 빼려고 신경 쓰는 것이 왜 나쁠까요? 효율에 집착하는 태도가 어떤 문제로 이어질까요? 효율 추구의 나쁜 점에 대해서는 1장에서도 언급했지만, 여기서는 더 다양한 측면에서 살펴보겠

습니다. 효율성이나 생산성에 집착했을 때 생기는 부작용
들을 한번 볼까요?

| 부작용 ❶ '인생은 행동이다'라는 말로 정신이 병든다

자기계발 분야 베스트셀러 중에는 '인생은 행동이다'라는
주장이 많습니다. 우물쭈물 고민하며 시간을 보내지 말고
일단 빠르게 행동하여 효율과 생산성을 높이는 게 중요하
다는 말이지만, 이 조언을 섣불리 실천했다가는 오히려 정
신 건강에 좋지 않습니다.

일례로 애리조나 주립 대학 연구팀이 '부유하고 고학력
인 학생들의 문제 행동'을 다룬 분석 논문을 살펴봅시다[6].
연구팀은 '부유하고 똑똑한 학생일수록 약물이나 술에 중
독되는 경우가 많은 이유는 무엇인가'를 조사했습니다.

빈곤에 허덕이는 젊은이들에게 문제 행동이 많다는 것은
옛날부터 알려져 있었지만, 최근에는 부유하고 고학력인
학생들에게도 비슷한 문제가 증가하는 추세입니다.

사실은 우수한 학생일수록 담배나 약물 사용률이 높은
데다 사회 규칙을 어기는 일도 많았습니다. 교육 수준이 높
은 지역에서도 알코올과 마리화나 소비가 많다는 보고도

있습니다. 물론 우수한 학생 대부분이 문제인 것은 아니지만, 미국 전역의 기준과 비교하면 사회 부적응 비율이 심각한 것은 확실했습니다.

부유하고 고학력인 학생에게 문제가 생기기 쉬운 이유를 애리조나 주립 대학 연구팀은 이렇게 추측했습니다.

"인생에서 행동하는 것이 중요하다는 삶의 방식이 지금 전 세계로 확산되고 있다. 이 사고방식이 개인과 사회에 미치는 영향을 좀 더 진지하게 생각해 봐야 한다."

목표를 향해 행동을 서두르는 것이 나쁘다는 뜻은 아니지만, 현대에는 '행동하느냐 안 하느냐'라는 사고 방식을 따라야 한다는 부담이 강한 탓에 멘탈이 무너지는 젊은이가 많은 듯 보입니다. 효율과 생산성의 어두운 이면임에는 틀림없습니다.

| 부작용 ❷ 효율을 의식하면 생산성이 떨어진다

효율과 마감일을 강조하는 기업은 오히려 직원의 생산성이 낮은 경향이 있습니다.

윌리스 타워스 왓슨(WLTW)사는 리서치를 실시해 일본을 포함해 세계 12개 국에서 2만 2,347명의 회사원을 모아 직장에서의 압박감 수준을 체크했습니다. 이 데이터를 직원의 업무 태도와 비교했는데, 높은 목표나 생산성을 중시하는 상사 밑에서 일하는 사람일수록 스트레스와 병가 제출 횟수가 높으며 일의 동기부여가 낮고 생산성이 떨어지는 경향이 확인되었습니다[7].

이런 현상이 일어나는 것은 효율 향상과 마감 엄수로 스트레스가 만성화되었기 때문입니다. 항상 시간의 압박에 시달리면 자신도 모르는 사이에 몸과 마음이 만성적 긴장 상태가 되고 뇌는 스트레스를 견디지 못합니다. 그 결과 심신의 균형이 깨지고 부정적인 사고와 수면 장애가 생기고 소리와 빛에 예민해져 생산성 저하로 이어지는 것입니다.

| 부작용 ❸ 생산성을 높일수록 바빠진다

조직심리학자 토니 크랩(Tony Crabb)이 생산성 추구가 가져오는 함정을 가리켜 한 말이 있습니다[8].

"그리스신화에서 히드라의 머리를 하나 잘라내도 바로

새 머리가 돋아나는 것처럼, 더 많은 일을 해치우면 해치울
수록 더 바빠진다."

생산성을 아무리 높여도, 그만큼 해야 할 작업의 양도 늘
어나 당신의 바쁜 정도는 전혀 개선되지 않는다는 지적입
니다.

이 말의 타당성은 다양한 데이터로 검증되고 있습니다.
예를 들어 리더십IQ가 실시한 조사에서는 미국의 207개
회사에서 일하는 직원의 인게이지먼트와 실적 평가 데이터
를 비교했습니다[9]. 그 결과 전체 조직의 42%에서 생산성
이 높은 사람일수록 인게이지먼트가 낮다는 사실이 명확해
졌습니다. 즉, 일을 많이 한 사람일수록 작업의 동기부여가
낮고 자신이 소속된 조직에 부정적인 감정을 품기 쉬웠습
니다.

한번 생각해 봅시다. 당신이 누군가에게 도움을 청하고
싶을 때 어떤 사람에게 부탁하겠습니까? 당연히 무능력한
사람보다 능력 있는 사람에게 부탁하고 싶을 것입니다.

이런 심리는 다른 사람도 똑같습니다. 다른 사람도 능력
있는 사람에게 도움을 청하고, 또 다른 사람도 능력 있는

사람에게 의지하게 되는 것입니다.

이런 일이 겹치면 제아무리 능력자라도 과부하에 짓눌려 비명을 지를 것입니다. 그래서 업무 능력이 뛰어난 사람일 수록 동기를 잃고 회사에 부정적인 감정도 늘어가는 것입니다.

능력자가 아니라 해도 비슷한 현상이 일어날 가능성은 있습니다. 예를 들어 당신이 하루에 메시지를 보내는 양을 늘리면 그만큼 상대방에게 회신해야 할 일이 늘어나고, 효율적으로 서류를 마무리하면 그만큼 다음 일은 앞당겨지기 쉽고, 프레젠테이션 자료를 읽을수록 확인해야 할 데이터 양도 늘어납니다. 업무 프로세스가 복잡한 현대에는 '할 일'의 끝이 명확하지 않은 경우가 많습니다. 아무리 작업의 효율을 높여도 작업의 총량이 줄어들지 않는 것입니다.

내용을 정리해 보면, 5장에서 다룰 문제의식은 아래와 같습니다.

〔시간을 '잘 사용하는' 것만으로 진짜 고민은 해결되지 않는다.〕

세상에서 쓰이는 시간 관리 기술은 모두 '얼마나 시간을 잘 사용하는가?'에 초점을 맞춰 고안된 것입니다. 그런데 앞에서 여러 번 살펴보았듯이 시간을 '잘 사용한다'는 사고 방식에는 근본적인 문제가 있으며, '시간을 잘 사용하고 싶다', '일의 효율을 높이고 싶다'라는 욕망 자체가 결국 당신의 행복과 생산성을 낮추는 방향으로 작용합니다.

'그러면 앞서 시간 관리 기술을 왜 소개했지? 무의미한 것이 아닌가?'라고 생각할 수 있습니다. 하지만 3, 4장에서 다룬 기술은 모두 '개인차' 문제에 초점을 맞춰 개발된 것이므로, 실천하면 확실히 효과를 얻을 수 있습니다.

다만 3, 4장에서 다룬 기술로 확실한 효과를 보려면, 생산성과 효율화에 집착하는 것을 멈춰야 합니다. 그러지 않는 한, 항상 시간에 쫓기는 기분에서 벗어날 수 없습니다.

제아무리 일정 관리에 능숙해졌더라도, 제한된 시간 내에 많은 양의 작업을 처리하게 됐더라도 당신이 매일 맛보는 절박함에서 벗어날 수 없습니다. '생산성을 높이고 싶다', '효율 향상이 최우선이다', '불필요한 일은 모두 없애야 한다' 등의 자세를 유지하는 한 현대인을 지배하는 시간 부족 문제는 해결되지 않습니다.

그래서 5장에서는 현대인이 안고 있는 생산성과 효율화의 고정관념으로부터 해방되는 것을 목표로 합니다. 항상 무언가에 쫓기는 듯한 초조함과 불안감을 버리고 시간에 대한 개념 자체를 바꾸어 시간 감각을 개선하는 것입니다.

'시간 관리를 통한 효율화'는
근대의 발명일 뿐이다

생산성과 효율화에 관련된 고정관념을 유연하게 하고 시간에 쫓기는 불안과 초조로부터 해방되는 것을 목표로 설명을 시작해 보겠습니다. '시간을 잘 사용하기'란 생각을 다시 한번 떠올려 보고, 애초에 생산성이나 효율화라는 사고가 어디에서 나왔는지 알아보겠습니다. '시간을 효율적으로 사용하기', '쓸데없는 시간 줄이기'라는 건 현대에서는 이미 아주 합당한 이론처럼 느껴지는데, 정말 그럴까요?

역사를 돌이켜보면 인류가 시간의 최적화에 집착하기 시작한 것은 18세기 무렵부터입니다. 영국에서 산업혁명이 시작된 후로 자본가는 공장에 수백 명의 사람을 정해진 시간에 한자리에 모아 동시에 일을 시켰습니다. 그 수요에 따라 많은 시계에 '초침'이 달리게 되었고, 노동자의 시간은 이전보다 세세하게 관리되기 시작했습니다.

벤저민 프랭클린이 "시간은 금이다."라는 문구를 세상에 퍼뜨린 것도 정확히 같은 시기입니다. 자본주의의 발달과 함께 '시간=돈'이라는 발상은 조금씩 선진국들의 공통 인식으로 변했고, 19세기 초에는 시간 낭비가 돈 낭비와 다름없는 어리석은 행위로 여겨지기 시작했습니다.

'시간의 효과적인 활용' 개념이 확산된 것도 같은 시기입니다. 이에 대해 많은 역사가는, 사람들이 시간과 돈을 동일시한 것이 원인이라고 말합니다. 확실히 '시급 10,000원', '시간 외 수당 12,500원'과 같이 개인의 시간에 일일이 가격표를 붙이면 누구나 그것을 최대한 유익하게 쓰고 싶어 할 것입니다.

20세기 초에는 마침내 '시간 관리'라는 아이디어가 등장합니다. 경영학자 프레더릭 테일러(Frederick Winslow Taylor)가 "세세하게 분류한 작업 시간을 계산하면 생산 효율이 올라간다."라고 주장한 게 계기였습니다[10].

프레더릭 테일러의 발상을 바탕으로 라인 생산 방식을 고안해 성공한 사람이 바로 기업인 헨리 포드(Henry Ford)입니다. 이때부터 모든 노동자에게 시간 관리 교육을 의무화하고, 각각의 작업에 마감 시간을 정하는 것이 일반적인 경영

방식으로 정착됩니다. 그 덕분에 포드사의 매출은 2배 이상 뛰었고 생산성과 효율화는 시대의 슬로건이 되었습니다.

프레더릭 테일러가 창안한 '시간 관리'란 발상은 머지않아 개인의 생산성에까지 영향을 미칩니다. 1918년, 아이비 리(Ivy Ledbetter Lee)라는 경영 컨설턴트가 한 철강회사로부터 의뢰를 받고 다음의 기술을 알려주었습니다.

① 자기 전에 내일 해야 할 일을 6가지 골라 우선순위에 따라 정렬한다.

② 다음날 아침, 리스트의 맨 위부터 차례대로 작업을 해나간다.

현대의 투 두 리스트와 유사한 아주 간단한 방법이지만, 당시 의뢰인은 크게 감동하여 오늘날 가치로 3억 원이 넘는 수표를 지불했다고 합니다. 역사상 처음으로 시간 관리 기술에 큰돈이 움직였습니다. 이 일은 이후 전 세계에 시간 관리 산업이 일어나는 계기가 되었습니다.

이 이야기에서 가장 중요한 것은 '시간 관리를 통한 효율화'가 극히 근대적인 발명일 뿐이라는 점입니다. 시간의 개

넘 자체는 고대 이집트나 바빌로니아 시대에도 있었지만, 어디까지나 작물의 수확이나 농지에 물을 주는 주기를 대략 파악하는 데 사용되었을 뿐입니다. 기계식 시계가 처음 세상에 나온 것은 13세기 유럽이지만, 그로부터 약 400년이 지나도록 분침이나 초침은 발명되지 않았으니, 현대인처럼 시간에 쫓기는 기분을 당시 사람들은 몰랐을 것입니다. 역사학자 에드워드 톰슨(Edward Palmer Thompson)이 지적했듯이 산업혁명 이전에 시계는 거의 의미가 없었습니다.

하지만 현대사회에서는 '시간 관리'가 필수입니다. 바쁜 일상 속에서 성과를 겨루는 직장인, 학생들까지 모두가 지금의 벌이와 생활, 성과를 유지하기 위해 시간의 압박감과 싸우고 있습니다.

평론가 월터 커(Walter Kerr)는 1962년에 쓴 《쾌락의 쇠락(The Decline of Pleasure)》에서 이렇게 말했습니다[11].

"우리는 모두 이익을 위해 독서를 하고, 계약을 위해 파티를 하고, 인맥을 위해 점심을 먹어야 한다."

근대에 시작된 효율 중시의 문화에서는 휴식이나 오락 등도 생산량 향상에 도움이 될 때만 가치를 인정받을 수 있습니다. '좀 더 쉬어야 해', '푹 자야지' 같은 조언도 현대에는 일터에서 우수한 성과를 내기 위한 처방전일 뿐입니다.

같은 문제는 '놀이' 영역에서도 마찬가지입니다. 최근에는 아이들의 놀이조차 고도로 전문화되었습니다. 팀 스포츠의 대부분이 친구와 즐거운 시간을 보내기 위한 오락이 아니라 스킬의 습득이나 승패를 내기 위한 활동이 되어버렸습니다. 이는 어른의 놀이도 마찬가지여서 현대에는 모든 놀이가 경쟁을 하게끔 짜여 있습니다. 자신의 몸을 움직이는 기쁨이나 친구와의 소통하는 수단으로서의 의미는 줄어들고 있습니다.

어느 조사에 따르면 현대인은 6분마다 시간을 확인하는데, 하루로 치면 총 150회에 이른다고 합니다. 불과 수백 년의 역사밖에 없는 데다 고작 공장의 효율화를 위해 고안된 발상인 '시간 관리'에 이렇게까지 휘둘리는 것은 어처구니없는 일이 아닐까요?

이 문제를 해결하기 위해 5장에서는 3가지 기술을 소개합니다. 이번에도 역시 메인과 옵션으로 나누었으니 우선 메인부터 시도해 보고 익숙해지면 옵션도 적용해 보세요.

| [메인 기술] 삶의 보람 차트

최근 미국과 유럽을 중심으로 '자신의 인생을 다시 바라보자'는 움직임이 일고 있으며 일본에서도 '삶의 보람'에 대해 생각해 보자는 말이 자주 들리고 있습니다. '삶의 보람'의 정의는 여러 가지가 있지만 여기서는 '삶에 동기를 부여하고 강하게 몰입하게 만드는 목표' 정도라 하겠습니다.

미국과 유럽에서 '삶의 보람'이 주목받기 시작한 이유는 간단합니다. 최근 십여 년간의 연구에 의해 삶의 보람의 장점이 여러 번 확인되었기 때문입니다. 구체적으로는 삶의 보람이 강한 사람일수록 스트레스에 강하고 면역 체계가 탄탄해 수명이 길며 삶의 행복도도 높은 것으로 밝혀졌고, 지금도 전 세계에서 다양한 연구가 진행되고 있습니다[12·13].

시간 감각과 삶의 보람에는 아무런 관계가 없어 보이지만 사실 효율과 생산성의 덫에서 벗어나기 위해서는 이 사고방식이 매우 도움이 된다는 것을 알게 되었습니다. 그 이유는 크게 2가지입니다.

① 시간을 잊게 한다.

② 작업의 중요도를 판별하기 쉽다.

　삶의 보람이 효율과 생산성의 덫에서 벗어나는 데 도움이 되는 이유 첫 번째는 시간의 흐름을 잊는 것입니다.

　'시간 가는 줄 모른다'라는 표현도 있듯이 무언가 즐거운 일에 몰두할 때 우리는 시간의 흐름을 의식하지 못합니다. 그러면 몇 시간이 눈 깜짝할 사이에 지난 것 같은 느낌이 듭니다. 반면 청구서 작성이나 문자 입력과 같은 지루한 작업을 할 때는 대부분의 사람이 시간이 느리게 가는 것 같은 느낌을 받습니다.

　누구나 경험해 보았을 이런 현상은 시간을 의식하는 횟수와 관련되어 있습니다. 대부분의 사람은 지루한 작업을 하는 동안 시간이 지날 때마다 '아직 10분밖에 안 지났어', '앞으로 30분이나 남았어'라며 시계를 볼 것입니다. 그럴 때마다 우리 뇌에는 부정적인 기억이 새겨지기 때문에 시간이 흐르지 않는 것 같은 기분이 드는 것입니다.

　하지만 뇌가 몰입 상태에 돌입하면 오직 눈앞의 작업만 의식하기 때문에 시간의 흐름에는 주의를 기울이지 않게 됩니다. 그 덕분에 효율이나 생산성 같은 걸 의식하지 않고, 시간 관리의 부정적인 작용에서도 벗어날 수 있습니다.

삶의 보람이 효율과 생산성의 덫에서 벗어나는 데 도움이 되는 두 번째 이유는 작업의 중요도를 판별하기 쉬워진다는 점입니다.

정보화 사회가 도래되었다는 말이 나오기 시작한 것이 벌써 60년 전입니다. 이후로 정보와 전달 속도는 계속 증가해, 현재 개인 스마트폰 한 대에 저장되는 데이터의 양은 책으로 환산하면 50만 권 분량이 넘습니다. 우리는 하루에 신문 174부 분량의 콘텐츠를 소비하고 있으며, 이 수치는 1986년에 비하면 5배에 이릅니다[14].

벨 연구소의 공학자 로버트 럭키(Robert W. Lucky)의 계산에 따르면, 인간의 의식은 초당 120비트의 정보밖에 처리할 수 없습니다[15]. 이만큼 처리할 수 있는 정보의 폭이 좁은데도 우리는 효율과 생산성의 저주에 사로잡혀 일상적으로 대량의 정보를 입력하여 뇌의 신경 세포에 계속 부담을 주고 있습니다.

그 결과, 현대인은 다음과 같은 증상에 시달리게 되었습니다.

- 드라마나 영화를 배속으로 돌려 모두 봤지만 내용은 머리에 남지 않고 '봤다'는 기억만 남아 있다.
- SNS, 동영상, 게임, 웹툰을 틈날 때마다 즐기지만 항상 무언가를 놓친 듯한 초조함이 강하다.
- 모든 정보를 손에 넣을 수 있다고 생각해 '무엇이든 할 수 있다'라는 욕구만 강할 뿐 구체적인 성과는 아무것도 얻지 못한다.
- '지금보다 성장해야 한다'라는 생각만 강해질 뿐 아무 일도 일어나지 않는 현실과의 간극에 피로감과 허무함을 느낀다.

이 문제들을 신경과학자 다니엘 레비틴(Daniel J. Levitin)은 "모든 것이 너무 빠르고 많은 세상에서는 사소한 것과 중요한 것의 구별이 어려워진다."라고 표현했습니다. 정보의 속도가 빠르고 양이 많으면 우리 뇌는 어떤 데이터에 집중해야 할지 판단할 수 없게 됩니다. 어떻게 되든 상관없는 일인데도 중요한 일처럼 해석해 버려서 정작 인생에서 정말 중요한 일에는 집중할 수 없게 됩니다. 이 또한 바쁜 현대인을 더욱 궁지로 몰아가는 메커니즘 중 하나입니다.

그런 점에서 '삶의 보람'이라는 사고방식은 지친 뇌의 정보 선택 기능을 도와주는 효과가 있습니다. 당신이 진심으로 몰입할 수 있는 활동을 항상 염두에 두면, 새로운 정보를 선택해야 하는 상황이 됐을 때 '이것이 내 삶의 보람과 이어질 수 있을까?', '이 데이터를 내 삶의 보람에 활용할 수 있을까?' 하고 생각해 봄으로써 어떻게 되든 상관없는 것과 정말 중요한 것을 가려낼 수 있습니다.

정확히 판단하려면 명확한 기준이 반드시 필요합니다. 대량의 정보에 부하가 걸린 뇌에 쭉 뻗은 길을 제시하는 것도 이 훈련의 큰 장점입니다.

그럼 당신 '삶의 보람'을 찾아봅시다.

❶단계_차트 작성하기

'삶의 보람 차트'는 다음 페이지의 그림에 나의 활동 내용을 채워 넣으며 진행합니다. 먼저 각각이 무슨 의미인지 파악해 봅시다.

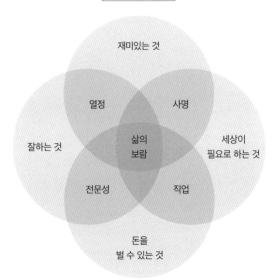

삶의 보람 차트

- 재미있는 것
- 열정
- 사명
- 잘하는 것
- 삶의 보람
- 세상이 필요로 하는 것
- 전문성
- 직업
- 돈을 벌 수 있는 것

① **재미있는 것** ┃ 아무리 해도 질리지 않고, 하면 할수록 힘이 나는 활동

② **세상이 필요로 하는 것** ┃ 사람들이 일반적으로 추구하고 세상에 도움이 되는 활동

③ **돈을 벌 수 있는 것** ┃ 다른 사람에게 돈을 받을 수 있는 기술이나 활동

④ **잘하는 것** ┃ 별다른 어려움을 느끼지 않으며 남들보다 잘할 수 있는 활동

요컨대 이 훈련에서 '삶의 보람'이란 당신이 진심으로 즐길 수 있고, 대다수의 사람들보다 잘하고, 세상의 수요와 필요성도 있는 활동을 말합니다. 어떤 요소가 빠져도 '삶의 보람'은 생기지 않고 강한 동기를 얻기 어려울 것입니다.

실제로 삶의 보람 차트를 작성할 때는, 다음의 질문에 대해 생각하면서 떠오르는 말, 문구, 아이디어를 해당 칸에 써 보세요.

| ① 재미있는 것

당신이 진심으로 즐길 수 있는 활동을 적습니다. 당신이 순수하게 좋아하는 것은 무엇입니까?

일, 가족, 자원봉사, 취미 등 인생의 모든 상황을 상상하고 자신이 진심으로 즐길 수 있는 것을 떠올려보세요. 정원 가꾸기, 여행, 예술 등 어떤 것이든 상관없습니다. 생각해 낸 답을 삶의 보람 차트 중 '재미있는 것' 칸에 적으세요.

⊙ 내가 질리지 않는 활동, 사람, 장소는 무엇일까?

⊙ 시간 가는 줄 모르고 해버리는 일은 무엇일까?

⊙ 경제적으로 안정됐다면 내 시간을 무엇에 사용할까?

⊙ 돈을 벌지 못해도 계속할 수 있는 일은 무엇일까?

⊙ 몇 시간이고 계속 이야기할 수 있는 일은 무엇일까?

② 세상이 필요로 하는 것

인간은 사회적인 동물이다 보니 하루하루 삶의 보람을 느끼기 위해서는 '나는 누군가에게 필요하다', '나는 세상에 도움이 되고 있다'라는 느낌을 받아야 합니다. 두 번째 원에는 '내가 할 수 있고 세상에 도움이 되는 일은 무엇일까?'라는 질문에 대한 답을 작성합니다.

이때 적는 내용은 어떤 것이든 상관없습니다. '일을 통해 고객의 삶을 풍요롭게 한다', '어려운 사람의 이야기를 꾸준히 듣는다' 등 당신의 기술이나 능력으로 다른 사람들이 기뻐할 만한 것을 떠올려 보세요. 잘 떠오르지 않으면 다음의 질문에 대한 답을 생각해 보세요.

⊙ 가까운 사람들이 내게 고마워한 경험은 뭐가 있을까?

⊙ 내가 가진 기술 중 수요가 높은 것 세 가지를 꼽는다면?

⊙ 다른 사람에게 가르칠 수 있는 것, 다른 사람을 도울

수 있는 것은?

⊙ 사회 문제를 조금이라도 해결할 수 있는 기술을 가지
고 있을까?

⊙ 어떻게 하면 내 친구, 가족, 가까운 모임에 도움을 줄
수 있을까?

| ③ 돈을 벌 수 있는 것

아무리 자신이 즐길 수 있고 세상에서 필요로 하는 일을
해도 그것으로 돈을 벌 수 없으면 오래 할 수 없습니다. 일
상 속에서 '삶의 보람'을 지속하려면 아무래도 금전적인 보
상이 필요합니다.

세 번째 원에는 당신이 가지고 있는 기술이나 능력 중
에 수익을 낼 수 있는 것들을 적어보세요. '나는 그런 기술
이 없는데…'라고 생각하는 사람이 있을지도 모릅니다. 하
지만 여기에 쓸 내용은 회계나 어학과 같이 전문적인 스킬
뿐만 아니라 '남의 칭찬을 잘한다'와 같이 인간관계 스킬도
해당합니다. 그래도 잘 떠오르지 않는다면 다음의 질문에
대한 답을 생각해 보세요.

- 아르바이트나 업무로 칭찬받은 경험은 뭐가 있을까?
- 업무에서 도움이 된 기술은 무엇일까?
- 지금까지 무엇을 제공해 돈을 받았나?
- 사람들이 기꺼이 돈을 지불할 만한 기술이나 능력은 없을까?
- 지금 내가 필요한 수입을 벌 수 있는 활동은 무엇일까?

| ④ 잘하는 것

마지막 원에는 당신이 잘하는 것을 적습니다. 돈을 벌 수 있는지 여부에 연연하지 말고 단순하게 자신의 강점을 생각해 보세요. 잘 떠오르지 않는다면 다음의 질문에 대한 답을 생각해 보세요.

- 지금까지 100시간 이상 배우거나 연마한 지식 혹은 기술은?
- 크게 노력하지 않았는데 남들에게 칭찬받은 일은?
- 만약 다른 사람들을 가르친다면 무엇을 가르칠 것인가?

⊙ 직장이나 커뮤니티에서 남들보다 우월하다고 느끼는
활동은?

⊙ 과거의 성과로 스스로가 자랑스러웠던 경험은 무엇
인가?

❷단계_중복되는 답 찾기

1단계에서 작성한 차트를 보고 겹친 답변이 있는지 살펴
봅니다. 예를 들어 '재미있는 것'의 영역에 '가르치는 것이
좋다'라고 적고, 동시에 '세상이 필요로 하는 것'의 영역에
'지식을 전했더니 기뻤다'라고 적었다면 둘은 겹친다고 볼
수 있습니다. 이렇게 4개의 영역 중에서 답이 겹친 것을 찾
아보세요.

2개 이상의 영역에 겹치는 답이 있으면 각각 사명, 직업,
전문, 열정으로 다시 써주세요. 예를 들어 '재미있는 것'과
'세상이 필요로 하는 것'이라는 2개 영역에 겹치는 답이 있
을 경우는 '사명' 영역으로 옮깁니다. '잘하는 것'과 '세상에
서 돈을 벌 수 있는 것'에 겹치는 답이 있을 경우는 '전문성'
영역으로 옮깁니다.

이들 4개의 중복 영역은 각각 다음과 같은 특징을 가지

고 있습니다.

⊙ **열정 = 재미있는 것 + 잘하는 것**

재미있는 것과 잘하는 것이 겹친 활동에는 '열정'이 생기기 쉽고, 만족감을 얻기 쉽지만 세상에 도움이 된다고 느끼기 어렵다, 작업 의욕은 높지만 보상을 얻기 힘들기 때문에 지속성이 없다는 특징이 있습니다.

⊙ **사명 = 재미있는 것 + 세상이 필요로 하는 것**

재미있는 것 중에 세상이 필요로 하는 것이 겹친 활동에는 '사명'이 생기기 쉽고, 인생에 기쁨과 충실감을 느낄 수 있지만, 수입이나 경제적인 안정성이 없다는 특징이 있습니다.

⊙ **직업 = 돈을 벌 수 있는 것 + 세상이 필요로 하는 것**

돈을 벌 수 있는 것과 세상이 필요로 하는 것이 겹친 활동에는 '직업'이 생기기 쉽고, 생활에 필요한 수입은 얻을 수 있지만 자신의 행동에 애착이 생기지 않아 공허한 기분이 들 수 있습니다.

⊙ **전문성 = 잘하는 것 + 돈을 벌 수 있는 것**

잘하는 것과 돈을 벌 수 있는 것이 겹친 활동에는 '전문성'이 생기기 쉽고, 작업의 성취감은 얻기 쉽지만 다른 사람에게 도움이 되는 느낌이 적기 때문에 일이나 노력이 하찮게 느껴지기 쉬운 특징이 있습니다.

이 특징들을 바탕으로 당신이 기록한 활동 중에서 원끼리 서로 겹치는 것을 찾아보세요. 최종적으로 4개의 원에 모두 해당하는 활동이 있다면 그것을 차트 중앙에 적어보세요. 그것이 바로 당신에게 '삶의 보람'을 가져다주는 활동입니다.

❸ 단계_삶의 보람 발굴하기

2단계까지 작업을 진행해도 삶의 보람을 찾지 못한 사람도 있을 것입니다. 2개의 원이 겹치는 활동은 발견했는데 4개의 원을 충족하는 것이 없는 경우입니다.

이런 경우에는 '삶의 보람을 만들기 위해 무엇을 해야 할까?'를 생각해야 합니다. 구체적으로는 2단계에서 당신이 적어넣은 답변 중 두세 개의 원이 겹치는 활동을 골라 부족한 것에 대해 다음과 같이 생각해 보기 바랍니다.

[재미있는 것이 부족한 경우]

재미있는 것이 부족할 때는 다음 질문의 답을 생각해 보세요.

- ⊙ 이 활동의 어떤 부분이 즐겁지 않을까? 그 이유는 무엇일까?
- ⊙ 이 활동을 더 즐겁게 하는 방법은 없을까?
- ⊙ 이 활동에 조금이라도 즐거움을 느낄 만한 측면은 없을까? 그 즐거움을 확대할 수 없을까?
- ⊙ 이 활동에 흥미로운 측면은 없을까? 더 알고 싶은 부분은 없을까?
- ⊙ 이 활동이 내면의 성장에 도움이 되지 않을까?

[잘하는 것이 부족한 경우]

잘하는 것이 부족할 때는 다음 질문의 답을 생각해 보세요.

- ⊙ 내가 이 활동과 맞지 않는다고 생각하는 이유는 무엇일까?

- 내가 설정한 기준이 너무 높았을 가능성은 없을까?

- 나는 이 활동에 필요한 기술을 가지고 있을까? 가지고 있다면 그 기술 수준을 높이기 위해 무엇을 할 수 있을까? 가지고 있지 않다면 그 기술을 배우기 위해 어떻게 해야 할까?

- 이 활동을 잘하는 사람들은 어떤 스킬이나 강점을 가지고 있을까? 그 스킬 중 나는 어떤 것을 가지고 있을까?

- 이 활동에 대해 좋은 멘토가 되어줄 사람은 없을까?

[돈을 벌 수 있는 것이 부족한 경우]

돈을 벌 수 있는 것이 부족할 때는 다음 질문의 답을 생각해 보세요.

- 지금 이 활동에 수익이 생기지 않는 주된 이유는 무엇일까? 수익을 내려면 어떻게 해야 할까?

- 나는 이 활동을 수행하는 데 충분한 기술을 가지고 있을까? 기술이 없다면 어떻게 성능을 향상시켜야 금전적 보수가 발생할까?

⊙ 다른 사람들은 이 활동으로 어떻게 돈을 벌고 있을
까? 돈을 벌 수 있는 비슷한 활동은 없을까?

⊙ 직장에서 받는 월급 외에 어떻게 하면 이 활동으로 부
수입을 얻을 수 있을까?

⊙ 내가 즐길 수 있는 활동으로 돈을 벌 수 있는 방법은
없을까?

[세상이 필요로 하는 것이 부족한 경우]

세상이 필요로 하는 것이 부족할 때는 다음 질문의 답을
생각해 보세요.

⊙ 내 활동을 다른 사람도 가치 있다고 생각하게 할 방
법이 없을까?

⊙ 내 활동을 세상에 공헌할 만한 내용으로 바꿀 수 없
을까?

⊙ 나와 가까운 사람들(친구, 가족, 동료)은 무엇을 필요
로 할까? 이 활동을 통해 그들을 도와줄 수 없을까?

⊙ 내 활동을 다른 사람에게 더 전달하려면 어떤 방법이
있을까?

⊙ 이 활동을 온라인으로 알려 누군가를 도와줄 수 있을
까?

일단 당신만의 삶의 보람을 발굴했다면 이제 남은 일은
그 활동에 사용하는 시간을 계획적으로 늘리는 일뿐입니
다. 일하는 동안, 자기 전 1시간, 기상 후 30분 등 삶의 보
람에 오롯이 집중하는 때는 언제라도 상관없습니다. 삶의
보람을 실천해 몰입의 체험이 늘어날수록 당신의 뇌는 효
율과 생산성에서 분리된 감각을 학습하고 자신의 인생에
중요한 정보를 우선적으로 흡수하도록 변해 갑니다.

또 삶의 보람은 인생의 여러 영역에서 찾을 수 있습니다.
어떤 사람은 인간관계 속에서 찾을 수도 있고 어떤 사람은
직장에서 찾을 수도 있고 어떤 사람은 종교나 취미에서 찾
을 수도 있습니다.

삶의 보람은 모든 상황에 숨어있으므로 지금 당장 찾지
못했어도 낙담하지 마세요. 삶의 보람 차트를 통해 꼭 인생
의 다양한 영역을 탐색해 보기 바랍니다.

인지적 인내심이 없는 사람일수록
깊은 사고를 못한다

'현대인은 집중력을 잃어버렸다'라는 말을 자주 듣습니다. 여러분 중에서도 옛날에 비해 두꺼운 책을 읽는 게 어렵고 3시간이 넘는 영화는커녕 20분짜리 유튜브 영상조차 보다 마는 경우가 많을 것입니다. 하나의 활동에 끈기 있게 임하는 능력이 떨어졌다는 걸 실감한 적이 있지 않나요?

이는 데이터로도 뒷받침되고 있습니다. 매사추세츠 대학 연구팀은 인터넷 유저 670만 명의 집중력에 대해 조사했는데, 대부분의 실험 참가자가 콘텐츠 읽기에 집중하는 시간은 단 2초였습니다[16]. MIT가 주도한 조사에서도 결론은 비슷했는데, 현대인은 스마트폰 화면에 평균 40초밖에 집중하지 못하고 1분도 안 되어 앱을 바꾸거나 다른 콘텐츠로 이동한다고 합니다[17].

더욱 무서운 것은 덴마크 공과대학 연구팀의 조사 결과

입니다. 연구팀은 전 세계적으로 현대인의 집중력이 떨어지고 있을 가능성을 지적했습니다[18]. 연구팀은 구글북스로부터 지난 100년간에 걸친 서적 데이터와 구글 트렌드 기록 8년분을 수집했습니다. 그리고 하나의 화제가 화제성을 유지하는 시간을 조사했는데, 2013년에는 평균 17.5시간 지속된 것에 비해 2016년에는 11.9시간까지 줄어들었습니다.

이러한 현상에 대해 많은 전문가가 효율이나 생산성에 집착하는 현대인의 사고방식을 원인으로 꼽습니다. 버크넬 대학의 언어학자 해럴드 슈와이저(Harold Schweizer)는 이렇게 말했습니다.

"과학 기술을 통한 생산성 향상은 우리를 시간의 주인으로 만들어주었어야 했다. 하지만 아이러니하게도 기술은 우리를 시간의 노예로 만들어버렸다."

기술이 발달한 덕분에 작업의 효율과 생산성이 높아진 것은 좋지만, 그 때문에 현대인은 인내심을 잃었고 우리는 지루함을 조금도 견디지 못하는 몸이 돼버렸다는 지적입니다.

| **[옵션 기술 ❶] 문학과 친해지기**

집중력 저하 문제가 우리에게 도움이 안 된다는 것은 말할 것도 없습니다. 아무리 과학 기술이 발달해도 인생에 변화를 가져오는 기술을 익히려면 그에 상응하는 시간이 걸립니다. 그런데 눈앞의 작업에 40초마다 집중력이 흐트러진다면 당연히 큰일을 이룰 수 없겠죠.

정말 골치 아픈 문제인데, 이에 대해 토론토 대학 연구팀이 추천하는 해결책은 '문학에 친숙해진다'는 방법입니다[19]. 연구팀은 100명의 학생을 모은 후 그중 절반에게 단편소설을 읽도록 지시했습니다. 나머지 절반에게는 보통의 에세이를 읽게 했습니다. 그러자 소설을 읽은 그룹만 '인지적 인내심'이 개선되었습니다.

인지적 인내심이란 명확한 답을 바로 구하지 않고 모호한 상황을 참는 능력을 말합니다. 책이나 영화의 엔딩을 기다리지 못하고 결말을 먼저 봐버리거나 인터넷으로 주문한 상품이 도착할 때까지 배송 상황을 여러 번 확인하는 등 불확실한 상황에 짜증을 느끼기 쉬운 사람은 인지적 인내심이 낮다고 할 수 있습니다. 인지적 인내심이 중요한 이유는 여러 테스트에서 확인되고 있습니다. 신시내티 대학의 연구에서 인지적 인내심이 없는 사람일수록 깊은 사고를 할 수 없고 창조적인 아이디어를 내는 것이 서투른 데다 정신적인 문제가 생기기도 쉬운 것으로 보고되었습니다[20].

그도 그럴 것이, 우리의 삶은 언제나 불확실성으로 가득 차 있고 확실한 답을 찾을 수 있는 일은 거의 없습니다. 그런데도 효율이나 생산성을 계속 추구한다면 항상 부정적인 감정에 지배되는 것은 당연합니다.

그렇게 보면 토론토 대학의 실험에서 소설 읽기를 통해 인지적 인내심이 올라간 것은 놀랄 만한 결과가 아닙니다. 왜냐하면 수준 높은 문학 작품일수록 단순한 답을 내놓기보다 독자가 다양한 해석을 할 수 있도록 유도하기 때문입니다. 독자가 할 수 있는 것은 단지 캐릭터의 사고와 행동을 받아들이는 것뿐입니다. 카뮈(Albert Camus)의 《이방인(L'Etranger)》이나 도스토예프스키(Dostoevskii)의 《죄와 벌(Prestuplenie i nakazanie)》처럼 문학성 높은 작품은 때때로 독자에게 등장인물의 불쾌한 시각에 서보라는 요구마저 합니다.

그런 글의 정보를 우리 뇌가 처리하려면 문장의 디테일을 흡수하면서도 곧바로 결론을 내지 않고 끝까지 읽어나

가는 수밖에 없습니다. 이러한 뇌의 작용은 우리가 SNS나 뉴스 사이트에서 사용하는 정보 처리법과는 크게 다르기 때문에 자연스레 인지적 인내심이 단련됩니다.

참고로 실험에 사용된 소설은 주로 20세기 초중반 작품으로, 폴 볼스(Paul Bowles)의 《메아리치다(The Eco)》, 아서 클라크(Arthur C. Clarke)의 《도시와 별(The City and the Stars)》 등 약 6,000개의 단편이 선정됐습니다. 다음 페이지에 실험에 사용된 책의 작가명을 일부 소개했습니다. 어떤 소설을 선택할지는 당신의 취향에 따라 다르겠지만 가능한 한 결말이 확실한 오락용 작품보다는 쉽게 답을 낼수 없는 문학 작품을 골라보세요.

또 실제로 소설을 손에 쥐었을 때는 휙휙 읽지 말고 한 문장, 한 문장을 정독해 보세요. 인지적 인내심이 낮은 상태면 빨리 다음 내용을 읽고 싶은 마음이 들 텐데, 그때마다 멈추고 기다리면 당신 안에 시간의 여유가 생깁니다.

샬럿 브론테(Charlotte Bronte)	E. 애니 프루(Edna Annie Proulx)
찰스 디킨스(Charles Dickens)	필립 로스(Philip Roth)
표도르 도스토옙스키 (Fyodor M. Dostoevskii)	살만 루슈디(Salman Rushdie)
조지 엘리엇(George Eliot)	리처드 루소(Richard Russo)
윌리엄 포크너(William Faulkner)	제인 스마일리(Jane Smiley)
F. 스콧 피츠제럴드 (Francis Scott Key Fitzgerald)	에이미 탄(Amy Tan)
토마스 하디(Thomas Hardy)	테리 굿카인드(Terry Goodkind)
너새니얼 호손(Nathaniel Hawthorne)	닐 게이먼(Neil Gaiman)
어니스트 헤밍웨이(Ernest Hemingway)	로버트 조던(Robert Jordan)
존 스타인벡(John Steinbeck)	패트릭 로스퍼스(Patrick Rothfuss)
레프 톨스토이(Leo Tolstoy)	조지 R. R. 마틴(George R. R. Martin)
앤서니 트롤럽(Anthony Trollope)	테리 프래쳇(Terry Pratchett)
마크 트웨인(Mark Twain)	앤 비숍(Anne Bishop)
오스카 와일드(Oscar Wilde)	존 업다이크(John Updike)
버지니아 울프(Virginia Woolf)	W. O. 미첼(W. O. Mitchell)
마이클 셰이본(Michael Chabon)	앨리스 먼로(Alice Munro)
파울루 코엘류(Paulo Coelho)	캐럴 실즈(Carol Shields)
움베르토 에코(Umberto Eco)	존 어빙(John Irving)
가브리엘 가르시아 마르케스 (Gabriel Garcia Marquez)	찬쉐(殘雪)
미셸 우엘벡(Michel Houellebecq)	로힌톤 미스트리(Rohinton Mistry)
줌파 라히리(Jhumpa Lahiri)	싱클레어 로스(Sinclair Ross)
코맥 매카시(Cormac McCarthy)	주제 사라마구(José de Sousa Saramago)
데이비드 미첼(David Mitchel)	마시마 유키오(三島由紀夫)
토니 모리슨(Toni Morrison)	알베르 카뮈(Albert Camus)

효율과 생산성의 함정에 빠지지 않으려면 다른 사람에게 도움이 되는 일에 시간을 쓰는 것도 효과가 있습니다. '가뜩이나 시간이 없는데 다른 사람에게 시간을 쓰라니⋯'라고 생각하는 사람도 있겠지만, 이는 큰 오해입니다. 실제로는 이만큼 확실하게 시간의 여유를 가져다주는 게 없습니다.

펜실베이니아 대학 연구팀의 실험을 살펴봅시다[21]. 연구팀은 남녀 150명의 활동을 두 그룹으로 나누어 실험을 진행했습니다.

① **자신을 위한 활동** | 매니큐어 바르기, 가볍게 달리기, 책 읽으며 휴식, 투 두 리스트 작업 소화하기 등

② **타인을 위한 활동** | 이웃의 문 앞에 쌓인 눈 청소하기, 가족을 위해 요리하기, 공원 쓰레기 치우기 등

이후 실험 참가자의 주관적인 시간 감각을 조사했더니 재미있는 차이가 밝혀졌습니다. 타인을 위해 활동한 그룹은 자신을 위해 활동한 그룹보다 '체감한 시간'이 두 배나

길었고, '오늘은 평소보다 시간이 여유롭다'라고 대답한 것입니다.

이 신기한 현상에 대해 연구팀은 다음과 같이 말합니다.

"투 두 리스트의 작업을 한두 개 해내면 어느 정도 성취감을 얻을 것이다. 그러나 그 때문에 목록에는 아직 31개의 작업이 남아 있다는 사실을 떠올릴 수도 있다."

자신을 위해서 행동하면 눈앞의 작업은 일시적으로 줄어들지만 그만큼 손대지 않은 채로 있는 작업이 신경 쓰이게 되어 '더 생산성을 높여야 해' 하고 초조함에 사로잡히기 쉽습니다. 그런데 타인을 위해 행동을 했을 때는 '나는 남에게 도움이 됐다'라는 자신감만 남기 때문에 효율과 생산성의 함정에 빠지지 않습니다.

타인을 위한 활동은 어떤 것이든 상관없습니다. 뒤따라 들어오는 사람을 위해 문을 잡아준다거나 동료에게 커피를 사주거나 누군가에게 길을 알려주는 등 아주 작은 친절을 베푸는 것만으로도 충분한 의미가 있습니다. 우선 일주일 정도 친절한 행위를 계속하고 당신의 시간 감각에 변화가 생겼는지 스스로 점검해 보세요.

시간 관리 기술 때문에
시간을 소모해서는 안 된다

다시 한 번 말하지만, 캘린더나 투 두 리스트와 같은 유명한 시간 관리 기술은 어디까지나 기본적인 방법일 뿐 시간 딜레마의 근본 원인을 해결해 주지는 않습니다. 어느 기술이든 그 배경에는 우리를 '더 빨리', '더 많이' 재촉하려는 사상이 존재하므로, 아무 생각 없이 계속 사용하면 결국에는 오히려 시간을 빼앗기기만 하고 끝나 버립니다.

시간 관리 기술 때문에 시간이 줄어드는 일만큼 바보 같은 일은 없습니다. 효율과 생산성의 사고방식에서 벗어나 시간에 여유가 생기는 기분을 만끽해 보세요.

효율&생산성 감각 테스트

다음의 테스트는 효율과 생산성에 대한 감각을 확인할 때 유용합니다. 5장에서 소개한 훈련을 해 보기 전과 후로 당신의 감각에 어떤 변화가 일어났는지 확인할 때 사용해 보세요.

각각의 문장에 '나는 얼마나 해당될까?'라고 판단해 6점 만점으로 평가해 보세요. 전혀 해당되지 않으면 1점이고 완전히 해당되면 6점입니다.

	질문	점수
1	시간을 잘 사용하는 것은 중요하다고 생각한다.	
2	자유로운 내 시간이 없다.	
3	평소 거의 쉴 수 없다.	
4	무엇을 하든 항상 시간이 부족한 것 같다.	
5	무언가를 기다리는 시간은 쓸데없이 길게 느껴진다.	
6	시계가 없으면 어찌할 바를 모르겠다.	
7	수면 시간은 낭비라고 생각한다.	
8	내 시간을 방해하는 듯한 사람에게 짜증이 난다.	
9	일이 느린 사람은 참을 수 없다.	
10	속도가 느린 사람에게 화가 난다.	

평가가 끝나면 모든 점수를 합하고 10으로 나누어 평균을 냅니다. 점수가 3.3 이상이면 효율과 생산에 대한 집착이 평균보다 강하다고 볼 수 있습니다. 5장에서 소개한 훈련을 통해 점차 점수를 낮추도록 시도해 보세요.

CHAPTER 6

지루함
파고들기

당신의 시간 여유를 빼앗는 최대의 적

"인간의 시간은 원형으로 돌지 않고 직선으로 나아간다.
거기에 인간의 모든 고뇌가 있다."

밀란 쿤데라(1929-2023)
작가
Milan Kundera
Novelist

직선적인 시간이
현대인을 초조하게 만든다

5장에서는 효율과 생산성의 부작용을 생각해 보고 그 사고방식과 일단 거리를 두는 방법을 알아봤습니다. 효율과 생산성은 현대인의 바쁜 일상에 강하게 영향을 미치는 사고방식이어서 시간 부족을 해결하기 위해서는 꼭 짚고 넘어가야 할 문제였습니다.

그러나 근본적인 해결을 가로막는 '최대의 적'이 따로 있습니다. 혹시 당신은 시간의 흐름에 대해 이런 감각을 가지고 있지 않습니까?

〔과거부터 미래까지는 항상 일정한 속도로 직선 방향으로 나아가며, 일단 지나간 시간은 두 번 다시 돌아오지 않는다.〕

시간이 과거에서 미래를 향해 나아가는 것은 의심의 여지가 없는 사실이며 현대인에게 공통된 인식일 것입니다.

그런데 이렇게 시간을 파악하는 방식은 우리의 시간 감각에 악영향을 미칩니다. '시간은 미래를 향해 일직선으로 나아간다'라는 인식이 항상 무언가에 쫓기는 듯한 느낌을 주어 당신을 압박하는 것입니다.

엉뚱한 이야기 같지만, 2장에서 보았듯이 애초에 당신이 느끼는 시간의 흐름은 우리 뇌가 세계의 변화를 해석하는 방법 중 하나일 뿐입니다. 그렇다면 시간을 파악하는 방식에도 여러 가지가 있고 그것이 우리의 세계관을 좌우해도 이상하지 않을 것입니다.

그 대표적인 예가 부시맨(Bush man)으로 알려진 칼라하리 사막에 사는 산(San)족의 시간입니다. 그들은 지금도 수렵 채집 생활을 할 뿐만 아니라 우리와는 전혀 다른 시간을 사는 것으로 유명합니다. 보통 선진국의 시간은 과거에서 미래를 향해 일직선으로 나아가는 반면, 산족은 세계의 변화를 '일정한 주기로 반복되는 것'으로 체감합니다.

당신의 친구에게 아이가 태어났다고 합시다. 이 상황을 다른 사람에게 전달할 때 선진국 사람이라면 '친구가 아이를 가졌다'라고 표현하겠지만, 산족은 다릅니다. 그들의 시간 감각으로는 같은 과거가 반복된 것뿐이라서 '친구에게 아이가 생기는 현상이 일어났다'라고 표현합니다.

같은 맥락으로, 산족에게 '할아버지 이름이 무엇입니까?'라고 물어도 대개는 '모른다'라는 대답이 돌아옵니다. 그들에게 할아버지란 어디까지나 '가족 속에 다시 생긴 고령자'일 뿐입니다. 즉 그들은 이름과 같은 고유성에 주의를 기울일 필요를 느끼지 못합니다.

직선적인 시간에 익숙한 우리로서는 이해하기 어려운 감각이지만, 시간의 흐름을 '주기'로 파악하는 시각은 드문 것이 아닙니다.

몇 가지 예를 들면, 발리섬의 원주민인 발리 아가(Bali Aga)는 서기(西紀) 말고도 와쿠(Wuku)력이라고 불리는 달력을 사용하여 10가지 주기가 얽힌 복잡한 패턴으로 세월의 흐름을 표현합니다. 그러다 보니 자신의 생년월일이나 나이조차 모르는 원주민들이 적지 않았습니다. 발리섬에 서기 개념이 알려지기 전까지 말입니다.

힌두교 문화권에서는 창조신의 각성과 수면의 주기에 따라 시간이 원 모양으로 반복된다고 여깁니다. 동양의학에

선진국

직선의 시간

9:00am   5:00pm

| A | B | C | D | E | F |

각각의 사건은 직선의 시간 축에 따라 이루어지며,
똑같은 상황은 두 번 다시 발생하지 않는다.

수렵 채집 사회

원형의 시간

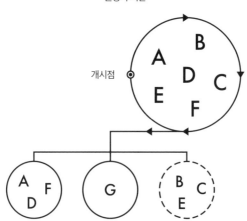

❶ 전체적으로 큰 원이 있고 그 안에서 모든 일이 주기적으로 일어난다.
❷ 각각의 사건들은 또 다른 주기의 원을 그리며 일어난다.

서 흔히 보는 태극 그림도 시간의 흐름을 음과 양의 순환으로 표현합니다.

그 밖에도 만물의 변화를 '사랑과 미움의 사이클'로 파악한 그리스의 사상가 엠페도클레스(Empedocles), 세상의 변화를 여러 신이 일정한 주기로 나타나는 장이라고 생각한 아즈텍(Aztecs)족 등 시간을 순환하는 것이라 인식한 문화는 셀 수 없이 많습니다. 애초에 지금 우리가 사용하는 직선 달력 시스템이 일반화된 때는 5000년 전부터이므로, 인류사의 약 95% 동안은 시간을 순환하는 것으로 보는 시각이 더 일반적이었다고 할 수 있습니다.

왜 산족은
시간 부족에 시달리지 않을까?

앞서 산족의 일화를 다룬 것은 그들의 시간 인식이 우리의 마음 여유와 관련이 있기 때문입니다. 인류학자 제임스 수즈먼(James Suzman)은 20년에 걸쳐 산족의 생활을 조사해 다음의 결론에 이르렀습니다[1].

〔산족은 '필요할 때 필요한 것을 얻을 수 있다'라는 절대적인 자신감을 갖고 있어서 시간 부족으로 고민할 일도 없다.〕

산족의 시간 감각에서, 미래의 사건은 항상 과거의 사건 재연으로 감지됩니다. 그렇기 때문에 그들의 사고는 'A를 하면 다시 B가 일어난다'라는 단순한 논리를 바탕으로 하며 그 결론에 흔들림이 없습니다. '배가 고프면 사냥을 가서 식량을 얻으면 된다', '비바람이 거세지면 숲에 들어가 버티면 된다' 등등으로 당연하게 생각합니다. '만약 사냥에 실패한다면', '피신할 곳이 없다면'과 같은 의심을 품지 않습니다.

또 이와 비슷한 감각은 전근대보다 이전 시대에 태어난 사람들에게서도 찾아볼 수 있습니다. 전근대 이전까지의 사람들은 시곗바늘을 기준으로 하루 계획을 세우는 것이 아니라 'A를 하면 다음에 B를 하고, 그다음에 C를 한다'라는 식으로 정해진 순서대로 할 일을 해내는 것이 일반적이었습니다. 아침 해가 뜨면 신에게 기도하고, 아침을 먹고, 사냥이나 농사를 짓고, 낮잠을 자고, 다시 기도를 드리고, 해가 지면 동료들과 이야기를 나누고… 이와 같이 시간보다는 사건을 중심으로 하루의 흐름이 정해져 있었습니다.

이 감각을 예시버 대학의 타마르 아브넷(Tamar Avnet)은 "18세기까지의 인류는 시간의 흐름에 따라 이동하지 않았다"라고 지적합니다[2]. 애초에 시간의 흐름에 따라 행동 계획을 세우지 않으므로 당연히 '한정된 시간을 최대한 활용해야 한다'라는 압박감에 시달릴 일이 없었습니다.

반면 직선의 시간을 사는 현대인의 감각에서 미래는 한

번밖에 없기 때문에 그것은 항상 불확실하고, 명확한 모습을 보여주지 않습니다.

그런 상태에서는 'A를 하면 B가 일어날지도 모르지만 C가 될 수도 있고 아무 일도 일어나지 않을 수도 있다'와 같은 복잡한 사고로 대처할 수밖에 없을 것입니다.

결과적으로 18세기 이후 선진국에서 사는 우리는 미래의 예기치 못한 사태에 대비하기 위해 무수한 작업을 만들어낼 수밖에 없게 되었습니다. 노후를 위해 연금을 납부한다, 미래를 대비하기 위해 집을 산다, 고독사를 피하기 위해 가정을 꾸린다, 10년 후의 성공을 위해 지금의 일을 열심히 한다….

모두 현대사회에서는 올바른 사고방식이지만, 일어날 수 있는 미래의 변수에 모두 대처하자니 할 일의 끝이 보이지 않는 것도 사실입니다. 그러니 만성적인 시간 부족에 시달리는 것도 당연합니다.

우리의 시간 감각에는
유연성이 있다

지금까지의 이야기로 우리는 시간에 대해 2가지 견해를 얻을 수 있습니다.

① 시간의 흐름은 시대와 문화에 따라 크게 달라진다.
② 시간이 흐름을 받아들이는 인식은 우리의 시간 부족 감각에 영향을 미친다.

'시간은 과거에서 미래로 똑바로 흐른다'라는 인식이 싹튼 것은 어디까지나 기계식 시계가 보급된 근대 이후의 일입니다. 그 이전의 세계에서 시간은 끝과 시작이 연결된 원형 구조여서 당시의 사람들은 무엇인가에 쫓기는 기분이나 왠지 항상 바쁜 기분에 괴로워하는 일도 없었습니다.

그래서 시간 부족이라는 문제의 근본적인 해결을 원한다

면 '시간 흐름'의 인식을 바꿔야 합니다.

물론 그렇다고 해도 산족이나 전근대 이전 사람들과 같은 시간 인식을 현대인이 익히기는 어려울 것입니다.

제아무리 사계절이 순환하고, 월요일이 반복되어도 현대를 사는 우리에게는 모든 것이 새로운 계절이고 모든 것이 새로운 월요일이라고 생각할 수밖에 없습니다.

다만 최근의 연구로써 우리의 시간 감각에는 어느 정도의 유연성이 있다는 것을 알게 되었습니다. 순환하는 시간을 체득하기는 어렵지만 이 유연성을 통해 <u>시계에 인생을 통제당하지 않았던 전근대 이전의 감각을 재현하고 마음의 여유를 얻는 것은 충분히 가능</u>합니다.

그럼 그런 시간 감각을 경험하려면 어떻게 해야 할까요? 효과 있는 훈련법 2가지를 소개합니다.

지루함을
파고들다

───────────────

시간 여유 감각을 되찾는 데 가장 효과적인 것이 '지루함 파고들기' 전략입니다. 당신이 지루해 보인다거나 재미없다고 느끼는 행위를 의도적으로 더욱 철저히 하는 것입니다.

시간을 지루하게 보낸다니 그거야말로 시간 낭비가 아닌가 생각할 수 있는데, 실은 최근 많은 기관에서 시간 감각을 찾는 목적으로 비슷한 전략을 도입하고 있습니다.

대표적으로 하버드 대학 래드클리프 고등연구소의 미술사가 제니퍼 로버츠(Jennifer Roberts)는 자신의 수업을 수강하는 모든 신입생에게 '특정 그림을 3시간에 걸쳐 바라보세요'라고 지시합니다[3]. 평소 같으면 몇 분 만에 감상을 끝내는 작품을 끈기 있게 관찰하게 하고 그 과정에서 발견한 것이나 생겨난 의문을 적도록 합니다.

당연히 처음에는 학생들의 반응이 안 좋았습니다. 처음 1

시간 동안 모두가 견디기 힘든 고통을 호소했고 심지어는 교실에서 도망치는 학생도 있었습니다. 간단한 재미에 익숙한 현대인에게 한 장의 그림을 세 시간이나 들여다보는 것은 고문이나 다름없습니다.

그래도 같은 행위를 계속하게 했더니 학생들에게 재미있는 변화가 일어났습니다. 3시간에 걸쳐 같은 그림을 바라본 학생들은, 평소 같으면 개의치 않았을 화가의 섬세한 터치와 구도의 묘함을 알아챘습니다. 평범하게 그림을 보는 것만으로는 맛볼 수 없는 깊은 이해에 도달할 수 있었던 것입니다.

예를 들어 존 싱글턴 코플리(John Singleton Copley)의 작품 〈다람쥐와 소년〉을 관찰한 학생은 관찰을 시작한 지 21분 만에 그림 속 소년이 들고 있는 쇠사슬이 만든 반원의 지름이 화면 아래 놓인 유리잔의 지름과 정확이 일치한다는 것을 알아냈습니다. 게다가 45분 후에는 배경의 커튼이 그려내는 주름 모양이 소년의 귀 모양과 같다는 것도 깨달았습니다. 같은 그림을 3시간 동안 바라보지 않았다면 그렇게 깊게 통찰하기가 불가능했을 것입니다.

인간은 '인상적인 회상'을
바탕으로 과거를 짐작한다

앞서 언급한 제니퍼 로버츠의 하버드 수업에서 또 하나 흥미로운 점은, 참여한 학생들 중 상당수가 '시간의 흐름이 느려졌다'라고 증언했다는 것입니다. 한 학생은 '처음에는 쓸데없다고 생각했는데 끝나고 돌이켜보니 농밀한 시간을 보낸 것 같다'라고 답했고, 또 다른 학생은 '1시간이 지났을 때부터 느려진 시간이 고통스럽지 않았고 눈앞의 그림이 점점 흥미로워졌다'라고 답했다고 합니다.

이 현상을 이 책의 용어로 표현하면 '인상적인 기억이 늘어난 상태'라고 할 수 있습니다. 좀 더 간단하게 설명해 보겠습니다. 애초에 우리가 느끼는 시간의 흐름에는 '작업 중'과 '작업 후'의 두 종류가 있는데 성질이 전혀 다릅니다.

◉ **작업 중** | 즐거운 체험 중에는 시간이 짧아지고 재미없

는 체험 중에는 길어진다.

⦿ **작업 후 |** 즐거운 체험 후에는 시간이 길어지고 재미없

는 체험 후에는 짧아진다.

이는 2장에서도 설명한 포인트로, 하찮은 작업을 하는 동안에는 누구나 시계를 쳐다보는 횟수가 증가하고, 그 때문에 시간의 흐름은 느려집니다. 그러나 작업을 끝낸 후에는 같은 작업을 되돌아 보았을 때 시간 감각의 역전이 일어납니다. 마치 시간이 순식간에 지나간 것 같은 기분이지요.

이런 현상이 일어나는 것은 우리 뇌가 인상적인 기억의 횟수를 바탕으로 지나간 시간의 양을 짐작하기 때문입니다. 예를 들어 당신이 전부터 가고 싶었던 고급 리조트에 여행을 갔다고 합시다. 이것은 즐거운 체험이기 때문에 대부분의 사람이 다음과 같이 느낍니다.

① 여행 중에는 시간의 흐름이 빨라진 것처럼 느낀다.

② 집에 돌아온 후에는 여행을 아주 오래한 것처럼 느

낀다.

고급 리조트에는 즐거운 경험이 풍부하기 때문에 체류하는 동안 평소보다 시계를 쳐다보는 횟수가 현격히 줄어듭니다. 그 결과 당신은 여행 시간이 짧다고 느낍니다.

이어서 집에 돌아와 여행을 돌아보면 이번에는 스쿠버다이빙이나 호화로운 식사 같은 인상 깊은 체험을 차례로 떠올릴 것입니다. 그 기억의 양은 평소에 평범한 일상에서 떠올리는 기억의 수보다 훨씬 많습니다. 그래서 당신의 뇌는 '길고 알찬 시간을 보낸 것 같다'라고 해석합니다.

반대로 재미없는 체험을 했을 때도 같은 메커니즘이 작용합니다. 매일 똑같은 작업을 수행하면 뇌에 인상적인 기억이 쌓이지 않습니다. 그 결과 뇌는 '특별한 시간을 보내지 않았구나' 하고 판단하기 때문에 하루를 돌아보았을 때 시간이 빨리 지나간 기분이 듭니다.

지루함이 뇌의 감수성을
키운다

이쯤 되면 하버드 학생들이 3시간 동안 그림을 감상하며 시간의 여유를 체험한 이유도 알기 쉽습니다.

우리가 미술 전시회에서 그림을 볼 때 작품 하나당 길어 봤자 몇 분밖에 걸리지 않습니다. 심지어 몇 초 만에 끝내 버리는 때도 있습니다. 이런 감상법으로는 '예쁜 그림이네', '자주 본 그림이다' 정도의 감상에 그쳐 인상적인 기억이 뇌에 저장되기 어렵습니다. 나중에 돌아보았을 때 '별거 안 했는데 시간이 벌써 이렇게 됐네'라는 기분이 드는 것은 이 때문입니다.

그런데 3시간 동안 하나의 그림만 붙잡고 지루함을 파고들다 보면 감각의 역전 현상이 일어납니다. 뇌가 지루함에 익숙해진 덕분에 외부 자극을 받아들이는 문턱이 낮아져서 평소에는 간과했을 사소한 정보들에 진심으로 흥미를 느끼기 시작하는 것입니다.

비유하자면, 소음이 심한 도시에서 시골로 옮겨 살면 자연에서 나는 소리나 작은 변화를 발견하는 것과 같습니다. 지루함이 뇌 감수성을 끌어올린 덕분에 작은 데이터가 '인상적인 기억'으로 축적되기 쉬워진 것입니다. 소설가 아쿠타가와 류노스케(芥川龍之介)의 말에 따르면 '모든 일상의 사소한 일 속에서 더할 수 없이 달콤한 이슬의 맛을 느낄 수 있는 상태'라고도 할 수 있습니다.

하버드 수업을 진행한 제니퍼 로버츠는 지루함에 앞서 일어나는 시간 감각의 변화에 대해 "감속은 긍정적인 과정이다."라고 말했습니다.

정보가 넘쳐나는 현대에서 우리는 '얼마나 대량의 데이터에 접속하는가?'에만 주목하기 쉽고 콘텐츠의 표면만 가볍게 훑고 끝나버립니다. OTT에서 명작을 2배속으로 시청하거나, 비즈니스 서적 코너에서 핵심 메시지만 뽑아 읽거나, 유튜브에서 학습 동영상을 틀어놓고 다른 일을 하는 등 본인은 대량의 정보를 처리했다고 생각하지만 되돌아보면 아무것도 얻은 것이 없는 경험이 누구나 있을 것입니다. 이 문제를 해결하려면 간편한 정보 처리를 그만두고 전략적으로 속도를 늦추고 지루한 시간에 일부러 자신을 노출시키는 수밖에 없습니다.

| **[메인 기술] 지루함 훈련**

갑자기 '같은 그림을 3시간 보기'를 시도하는 것은 너무 어려우니 우선 '가벼운 지루함'부터 시작해서 조금씩 익숙해지는 것이 좋습니다. 구체적으로는 다음 절차를 시도해보세요.

① **작업 선택** | 지루할 것 같은 일이나 재미없는 일을 하나만 고릅니다. 작업의 종류는 무엇이든 상관없습니다. 명상, 디지털 단식, 그림 감상, 어려운 책 읽기, 마음이 맞지 않는 사람과의 대화 등 당신이 평소 5분 이상 지속할 수 없는 것을 고르세요.

② **계획 실행** | 선택한 작업을 1주일만 실천합니다. 그 작업을 유지하는 시간의 기준은 없지만 우선 5분부터 시작해 매일 조금씩 늘려보면 좋습니다. 오늘 5분 명상을 했다면 내일은 7분을 합니다.

이 훈련의 포인트는 '새로운 통찰을 얻어야지', '세세한 정보에 민감해져야지'와 같이 명확한 목적을 품지 않고 수행해야 한다는 것입니다. 당신이 아무리 진지하게 지루함에 몰두해도, 어떤 통찰력도 얻지 못하고 짜증만 나는 것으로 끝날 수도 있습니다.

정말 중요한 것은 정기적으로 지루함에 자신을 노출시키고 그 감각에 익숙해지는 것입니다. 처음에는 불편하겠지만 꾸준히 하다 보면 변화를 느낄 수 있을 것입니다. 그러면 프랑스 소설가 귀스타브 플로베르(Gustave Flaubert)의 "천천히 시간을 들이면 무엇이든 흥미로워진다."라는 말이 와닿을 것입니다. 그 감각이 당신에게 진정한 여유를 만들어줍니다.

| [옵션 기술] 이벤트 타임으로 지내기

'이벤트 타임'은 시간 감각의 연구로 유명한 사회심리학자 로버트 레빈(Robert V. Levine)이 제안한 개념입니다[4]. 전 세계에서 연구를 진행한 레빈은 대륙에 따라 시간의 인식이 다름을 발견했고 이는 대략적으로 '클록 타임'과 '이벤트 타임'의 2가지로 분류할 수 있다고 했습니다.

클록 타임은 미국이나 독일에서 많이 보이는 시간 파악 방식으로, 이 문화권에서 사는 사람들은 '점심은 12시', '회의는 2시에 끝남', '18시 반부터 영화 감상'과 같은 식으로 시각 표시로 생활 계획을 짭니다.

이벤트 타임은 남아메리카나 동남아시아 등지에서 흔히 볼 수 있는 시간 파악 방식으로, 이 문화권에 사는 사람들은 그때그때 일어나는 일에 반응하며 하루를 보냅니다. '배고프면 밥 먹기', '목적을 달성하면 회의를 마치기'와 같이 생활 계획을 짭니다. 앞쪽에서 언급한 전근대 이전의 사람들에게서 찾아볼 수 있는 시간 파악 방식입니다.

둘 중에 어느 쪽이 옳다는 이야기는 아닙니다. 각각 장점이 있는데, 각각의 특성을 간단히 살펴봅시다.

- ◉ **클록 타임** : 효율을 추구할 때는 클록 타임이 유리합니다. 예를 들어 간단한 메일 쓰기를 미루고 있다면 '10분 안에 보내기'와 같이 마감을 정하는 쪽이 더 빨리 끝낼 수 있습니다.

- ◉ **이벤트 타임** : 효과를 우선시할 때는 이벤트 타임이 유리합니다. 예를 들어 친한 친구의 생일 선물을 찾을

때 쇼핑을 일찍 끝내는 것보다 상대방이 좋아할 선물을 찾는 데 초점을 맞추는 것이 효과적일 것입니다.

이와 같이 2가지 시간 파악 방식 모두 장점이 있지만 '마음의 여유'를 뺏어가는 것은 클록 타임입니다.

파리 경영대학원의 안로르 셀리에(Anne-Laure Sellier) 연구팀은 약 600명의 남녀를 대상으로 클록 타임이나 이벤트 타임 중 하나로 일상의 잡무를 처리하도록 지시했습니다.[5] 전원의 멘털과 목표 달성도를 분석한 결과, <u>시계에 의지해 스케줄을 짠 사람일수록 현재 자신에게 만족하지 못하고 긍정적인 감정이 적으며 창조적인 작업을 싫어하는 경향</u>을 보였습니다.

이런 문제가 생기는 것은 시계에 의지해서 스케줄을 짬으로써 내 행동을 외부에 맡긴 형태가 되어버리기 때문입니다. 자기 할 일을 스스로 의사로 정하지 못하고 남들에게 '저거 해라, 이거 해라'라고 명령만 받는다면 동기부여가 될 리 없습니다. 즉 클록 타임을 사용함으로써 우리는 시계로부터 모든 행동을 명령받는 듯한 기분이 드는 것입니다.

반면 이벤트 타임을 사용한 경우에는 작업의 시작과 끝

을 항상 스스로 결정할 수 있기 때문에, 인생을 내가 통제할 수 있다는 자신감이 생깁니다. 이 자신감이 시간 여유 감각을 만들어내는 것입니다.

이 현상은 클록 타임에 익숙한 사람이 이벤트 타임 문화인 국가에 체류할 때의 경험과 비슷합니다. 저는 캄보디아와 말레이시아를 몇 달간 방문한 적이 있는데, 처음 2주 정도는 생활 리듬을 잡는 데 시간이 걸려 몰랐습니다. 하지만 익숙해진 뒤에는 갑자기 차분한 감정이 생겨 목과 등 근육에 긴장이 녹아내리는 기분을 느꼈습니다.

여행지에서 만난 미국 주재원들과 대화를 나누다 그들도 비슷한 경험을 했다는 걸 알았습니다. '더 편안한 기분', '느긋한 행복감', '좋은 아이디어가 떠오르는 경험' 등을 느꼈다고 했습니다. 어디까지나 개인적인 체험담일 수 있지만 이것도 시간 파악 방식의 차이가 낳은 현상일지 모릅니다.

당신의 일상에 이벤트 타임을 도입할 때는 정기적으로 '시계 금지'의 날을 만들면 좋습니다. 독서, 쇼핑, 여행 등 당신이 하고 싶은 활동 3~5개를 골라 시계에 의존하지 말고 이벤트를 진행해 보세요. 손목시계는 물론 스마트폰이나 태블릿에 표시된 시각도 확인해서는 안 됩니다. '배고프면 점심 먹으러 가기', '이제 충분히 읽었으니까 그만 읽기'와 같이 어디까지나 당신의 감각에 따라 이벤트를 전환해 가는 것이 포인트입니다.

6분마다 시계를 보고 하루에 150번 시각을 확인하던 우리였으니 처음에는 시각을 확인하고 싶은 충동이 생기겠지만 몇 번만 참고 시계에 행동을 지배 당하지 않는 감각을 몸에 익히면 자신이 인생을 지배하는 감각이 뿌리내리기 시작할 것입니다.

시계에 집중할 때와
시계를 무시해야 할 때

6장에서는 현대인의 시간 인식이 안고 있는 문제점을 살펴봤습니다. '시간은 과거에서 미래로 일직선으로 흐른다'라는 인식이 항상 시간에 쫓기는 듯한 느낌을 주어 우리도 모르는 사이에 삶에 초조함과 긴장이 생깁니다.

다만 여기서 주의해야 할 것은, 그렇다고 해서 '순환하는 시간'이 항상 좋은 것은 아니라는 점입니다. 실제로 인류학에서 최근 조사한 바에 따르면, 산족의 시간 인식은 선진국의 라이프 스타일과 잘 맞지 않습니다.

수렵 채집 생활을 그만두고 도시에 살기 시작한 산족의 생활을 조사한 연구에 따르면 이들 중 상당수는 저축이나 계획 같은 사고방식에 적응하기 어려워했고, 하루를 살기에 충분한 임금을 얻은 뒤에는 모든 것을 소진할 때까지 일터로 돌아오지 않는 경우가 흔했다고 합니다. '순환하는 시간'으로 일하는 산족의 시간 감각은 자본주의 세계에서는 불리하게 작용하는 듯합니다.

따라서 우리는 클록 타임과 이벤트 타임을 잘 구분해 각각의 장점만 취해야 합니다. 예를 들어 낮에는 시계에 따라 효율을 추구하지만 그 후에는 완전한 이벤트 타임으로 보내겠다고 정해 보거나 평일에는 클록 타임으로 보내다 주말에는 아무런 예정도 잡지 않고 '의도적인 지루함'을 시도하는 것도 좋습니다. 아예 집중력이 필요한 작업만 시계로 관리하고 창의성이 필요한 작업은 이벤트 타임을 적용해 보는 방법도 생각할 수 있습니다.

어쨌든 가장 중요한 것은 시계에 집중할 때와 시계를 무시해야 할 때를 의식하는 것입니다. 그 전환의 감각만 익히면 머지않아 마음에 진정한 여유가 생길 것입니다.

| 시간 인식 테스트

이 테스트는 당신의 시간 감각을 확인할 때 사용해 보세요. 6장에서 소개한 지루함 훈련의 실시 전과 후로 당신의 감각에 어떤 변화가 일어났는지 확인해 보세요.

각각의 문장에 '나는 얼마나 해당되는가?' 생각해 보고 6

점 만점으로 평가해 보세요. 전혀 해당되지 않으면 1점이고 완전히 해당되면 6점입니다.

	질문	점수
1	할 일이 아무것도 없으면 짜증이 난다.	
2	작업 휴식 중에는 항상 게임이나 인터넷 서핑을 한다.	
3	자신이 마주한 문제에 바로 답이 나오지 않으면 불안해진다.	
4	무슨 일이 일어날지 모르는 새로운 상황을 마주하면 초조해진다.	
5	목적이나 조건이 불분명한 일은 하고 싶지 않다.	
6	아무 생각 없이 시간을 때울 수 없다.	
7	좋은 아이디어나 새로운 발상이 필요한 작업은 서투르다.	
8	갈수록 하루가 짧아지는 것 같다.	
9	미래의 불확실성을 생각하면 기분이 나빠진다.	
10	인생에 필요한 것을 통제하지 못한다고 생각한다.	

평가가 끝나면 모든 점수를 합하고 10으로 나누어 평균을 냅니다. 수치가 3.5 이상이면 이번 장에서 소개한 훈련을 조금 더 반복하는 게 좋습니다.

꼬리말

적당히 잘못을 받아들인다

| 뇌는 자주 오류를 일으킨다

이 책의 초반에서는 세상에서 쓰이는 시간 관리 기술의 '불편한 진실'을 배우고, 이어서 시간의 수수께끼에 대해 깊이 생각해 보았습니다. 나아가 시간 부족의 문제를 개개인의 차이에 따라 가장 효과적으로 해결할 수 있는 기술을 탐색했습니다. 마지막에는 효율과 생산성의 문제점과 현대인의 시간 감각으로 범위를 넓혔습니다.

마지막으로 이 책을 능숙하게 사용하기 위해 필요한 포인트가 하나 있습니다. 바로 '뇌의 만족화 의식하기'입니다. 만족화는 인지과학자 허버트 사이먼(Herbert Alexander Simon)이 고안한 개념으로 쉽게 말해 '적당한 대답으로 채우는 것'이라는 뜻입니다. 무엇인가를 결정할 때 많은 사람이 최적의 대답을 구하려고 하지만, 사실 인류의 뇌는 원래 '적당한 해답'을 내기 위해 설계되어 있다는 사고방식입니다.

2장에서 본 뇌의 작용을 생각해 보면 잘 알 수 있습니다. 간단히 복습하자면 우리의 뇌는 항상 외부 정보를 바탕으로 확률을 계산합니다. 하지만 뇌는 자주 오류를 일으킵니다. 어떤 때는 작업의 난이도를 지나치게 얕잡아 무모한 계획을 세우고 어떤 때는 자신의 능력을 과대평가해 작업을 미루고 또 어떤 때는 과거의 싫은 경험이 머리에 떠올라 작업을 시작하지 못합니다.

이러한 현상은 모두 뇌의 확률 계산에 문제가 있었다는 것을 의미합니다. 세상에 완벽한 답은 없지만 우리 뇌가 의외로 서투른 점이 많다는 것도 틀림없습니다.

| 생물은 '만족'하는 데 충분히 적응하고 있다

그렇다고 해서 더 정확한 답을 뇌에게 요구하는 것은 현실적이지 않습니다. 정말 정확도가 높은 계산을 하려면 그 사건의 확률 분포를 닥치는 대로 계산해야 하기 때문입니다.

예를 들어 '서류를 만들기 위해 필요한 자료를 골라야 한다'라는 상황이 있다고 가정해 봅시다. 여기서 정확도를 높이려면 우선 사용할 것 같은 자료를 모두 골라 주관적인 확률을 설정하고 거기에 '데이터를 손에 넣을 수 없을 가능성'이나 '자신이 정보를 능숙하게 사용할 가능성' 등을 적용해 모든 확률 분포를 포함한 더 방대한 계산이 필요합니다. 이러한 계산을 일상적으로 하다 보면 얼마 지나지 않아 머리가 터질지도 모릅니다.

대신 인간의 뇌는 더 간단한 방식을 채택했습니다. 서류 작성용 자료를 고르는 상황에서 우리 뇌는 먼저 과거에 비슷한 작업을 했던 기억을 데이터베이스에서 찾고 그때 어떤 자료를 사용했는지 검색합니다. 그 정보를 바탕으로 '이번 일에도 70% 정도의 확률로 같은 자료가 도움이 될 것이다'라고 판단이 들면 나머지는 생각할 것도 없이 그 결론을 채택합니다.

이와 같이 항상 '적당한 해답'만 골라두면 최적의 대답은 내놓지 못해도 일상에서 사용하기에 충분한 근사치는 낼 수 있습니다. 물론 그것 때문에 우리 뇌가 종종 계산 오류를 일으키지만 완전한 확률 분포를 찾아 에너지를 다 써버리는 것보다는 낫겠지요. 이것이 만족화입니다.

이러한 뇌의 작용에 대해 허버트 사이먼은 "생물의 뇌는 '최적화'가 아니라 '만족'하기 위해 작용한다."고 지적했습니다. 즉 인간의 뇌는 '적당한 답의 추구'가 기본이며 최적의 솔루션을 찾기 위한 시스템은 갖춰지지 않다는 것입니다.

| 시간 감각과 시간 관리 기술 사이에 어긋나는 점은 없을까?

이 책에서 소개한 모든 기술은 수많은 연구 결과를 바탕으로 합니다. 당신의 시간 감각에 적합한 기술을 한두 개 시도하는 것만으로도 금방 효과를 느낄 수 있습니다. 바로 개선되지 않는 것 같더라도 초조해할 필요는 없습니다. '나의 시간 감각이 이 기법과 맞지 않는 것뿐 아닐까?' 하고 넘기고 스스로에게 아래와 같이 질문해 보면 그만입니다.

① 나의 미래 예상과 기억은 틀리지 않았을까?
② 미래 예상과 기억에 대해 새로운 가설을 세울 수 없을까?
③ 새로운 가설을 바탕으로 다른 기법을 시도한다면 무엇이 적합할까?

본문에서도 강조했듯이 당신이 품고 있는 미래 예상과 기억의 종류는 작업의 종류에 따라 달라질 수 있습니다. 사무 작업에는 예상한 것의 현실감이 뚜렷한데 기획서 작성에는 현실감이 흐릿해져 버리는 식입니다.

그럴 때는 즉시 '내 시간 감각과 이 시간 관리 기술이 안 맞는 건 아닐까?' 생각해 보고 새로운 검증을 해봅시다. 다시 처음으로 돌아간다고 생각할 수도 있지만 우리 뇌가 '적당히' 잘하는 기관인 이상 어쩔 수 없습니다. 아무리 머리를 짜내고 최신 데이터를 사용해도 당신의 뇌는 항상 '적당한 해답'을 제시합니다.

하지만 그걸로 괜찮습니다. 지금까지 여러 번 살펴보았듯이 최고의 효율이나 최적의 생산성을 요구하는 자세는 근대의 정신이 기른 특수한 사상에 지나지 않습니다. 현대인이 진정으로 시간 부족에서 벗어나려면 반대로 어느 정도의 낭비나 우회로가 필요하다는 것은 6장에서 다룬 바 있습니다.

그러므로 이 책의 내용을 실천할 때에도 어디까지나 적당히 노력하는 자세를 취하는 데 신경 써주세요. 완벽이나 최적을 목표로 하는 것이 아니라 근사치의 답을 찾았다면 나머지는 뇌가 낳은 오류를 흔쾌히 받아들이는 일뿐입니다. 그 반복이 당신에게 진정한 마음의 여유를 만들어줍니다.

여러분의 행복을 기원합니다.

〈이 책의 시간 관리 기술 목록〉

프로세스	문제	기술
미래에 쓸 시간을 정확하게 예상하기 3장 미래를 수정하기	미래의 예상이 어긋나는 유형❶ 예상의 현실감이 떨어짐	[메인 기술] 타임 박싱
		[옵션 기술 ①] 작업 분해
		[옵션 기술 ②] 구체적으로 상상하기
		[옵션 기술 ③] 역할 교환 편지쓰기
		[옵션 기술 ④] 하루 단위로 생각하기
	미래의 예상이 어긋나는 유형❷ 예상한 것이 너무 뚜렷함	[메인 기술] 프리코미트먼트
		[옵션 기술 ①] 리마인딩
		[옵션 기술 ②] 비주얼라이즈
		[옵션 기술 ③] 명분을 만들어 나에게 보상하기
	미래의 예상이 어긋나는 유형❸ 예상한 것이 너무 많음	[메인 기술] SSC 훈련
		[옵션 기술 ①] 인게이지먼트 속도 높이기
		[옵션 기술 ②] 심사숙고 계획하기
		[옵션 기술 ③] 대책 계획하기
과거에 쓴 시간을 정확하게 기억하기 4장 과거 다시 쓰기	기억이 어긋나는 유형❶ 기억의 오류가 큼	[메인 기술] 시간 기록하기
		[옵션 기술 ①] 다른 사람에게 시간 계산 부탁하기
		[옵션 기술 ②] 프롬프터 따라하기
	기억이 어긋나는 유형❷ 너무 긍정적으로 기억함	[메인 기술] 시간 기록 유형 분석
		[옵션 기술 ①] 유혹 일기
		[옵션 기술 ②] 오류율 계산하기
		[옵션 기술 ③] 기억 고쳐쓰기
	기억이 어긋나는 유형❸ 너무 부정적으로 기억함	[메인 기술] 부정적 기억 개선 시트
		[옵션 기술 ①] 소소한 성공 찾기
		[옵션 기술 ②] 조언하기
		[옵션 기술 ③] 성공 경험 반영하기
시간의 압박에서 벗어나기 5장 효율의 압박에서 벗어나기 6장 지루함 파고들기	효율화에 쫓기는 감각이 사라지지 않음	[메인 기술] 삶의 보람 차트
		[옵션 기술 ①] 문학과 친해지기
		[옵션 기술 ②] 타인을 위해 시간 사용하기
	시간에 쫓기는 감각이 사라지지 않음	[메인 기술] 지루함 훈련
		[옵션 기술] 이벤트 타임으로 지내기

포인트	페이지
미리 할당한 시간 내에 작업을 끝낸다.	120
작업을 상세한 단계로 나눈다.	128
심호흡하고, 마감 직전의 자신을 상상해 본 후 작업한다.	129
3년 후의 자신에게 편지를 쓰고 답장한다.	131
장기 프로젝트를 하루 단위로 생각한다.	133
취소할 수 없는 휴가 계획을 잡는다.	137
'휴가를 떠나면 10년 후에 후회할까?'를 생각해 본다.	138
1년 후의 자신이 어떠한 모습일지 자세하게 상상해 본다.	139
'노력한 후', '금전적 이득' 같은 때 휴가를 계획한다.	140
가치가 낮은 일을 찾아 다른 사람에게 넘기거나 포기한다.	144
중요한 문제를 3가지 골라 집중하고 의지를 확인한다.	149
'변수가 발생하면 심사숙고할 것'을 미리 계획한다.	151
변수와 대책을 사전에 계획한다.	152
하루의 행동, 시간, 평가를 1주일 동안 기록한다.	171
자신의 작업 소요시간을 타인에게 추측해 달라고 한다.	175
시간을 잘 사용하는 사람의 노하우를 따라 한다.	176
시간을 기록하고 대책을 세운다.	181
유혹에 넘어간 경험을 1~2줄로 메모한다.	186
실제 시간 ÷ 짐작한 시간 = 오류율	187
과거의 실패에 대책을 생각하고 해결한 자신을 상상한다.	189
예상과 실제의 '난이도'와 '만족도'를 비교한다.	194
하루의 끝에 '작은 달성+이점'을 적는다.	197
똑같은 목표를 가진 사람에게 조언한다.	200
과거의 성공 체험을 분석해 그 요인을 활용한다.	202
좋아하고, 필요로 하고, 돈을 벌 수 있고, 잘하는 것이 모두 겹치는 '무엇'을 찾는다.	227
간단하게 해석할 수 없는 문장을 정독한다.	246
작은 친절을 우선 1주일간 계속해 본다.	250
지루한 작업을 하나 선택해 1주일간 실천해 본다.	276
시계를 보지 말고 감각에 의존해 행동하는 하루를 만든다.	277

머리말

1 Buehler, Roger & Griffin, Dale & Peetz, Johanna. (2010). The Planning Fallacy. Advances in Experimental Social Psychology. 43.1-62. 10.1016/S0065-2601(10)43001-4.

2 Buehler, Roger & Griffin, Dale & Ross, Michael. (1994). Exploring the "Planning Fallacy": Why People Underestimate Their Task Completion Times. Journal of Personality and Social Psychology. 67. 366-381. 10.1037/0022-3514.67.3.366.

CHAPTER 1

1 Aeon B, Faber A, Panaccio A (2021) Does time management work? A meta-analysis. PLoS One. 16(1):e0245066. 10.1371/journal.pone.0245066. PMID: 33428644; PMCID: PMC7799745.

2 Häfner, Alexander & Stock, Armin. (2010). Time Management Training and Perceived Control of Time at Work. The Journal of Psychology. 144. 429-47. 10.1080/00223980.2010.496647.

3 Mullainathan, Sendhil & Shafir, Eldar. (2013). Freeing Up Intelligence. Scientific American Mind. 25. 58-63. 10.1038/scientificamericanmind0114-58.

4 Po Bronson, Ashley Merryman (2009) NurtureShock: New Thinking About Children . ISBN9780446504126

5 Pollak, Manuela & Kotsis, Gabriele. (2017). E-Mail Monitoring and Management with MS Social Bots. 10.1145/3151759.3151799.

6 Gabriela N Tonietto, Selin A Malkoc, Stephen M Nowlis, When an Hour Feels Shorter: Future Boundary Tasks Alter Consumption by Contracting Time, Journal of Consumer Research, Volume 45, Issue 5, February 2019, 1085-1102, 10.1093/jcr/ucy043.

7 Teresa Amabile (2011) The Progress Principle: Using Small Wins to Ignite Joy, Engagement, and Creativity at Work. ISBN9781422198575

8 John Kounios, Mark Beeman (2015) The Eureka Factor: Aha Moments, Creative Insight, and the Brain. ISBN9780434019823

9 Meng Zhu, Yang Yang, Christopher K Hsee, The Mere Urgency Effect, Journal of Consumer Research, Volume 45, Issue 3, October 2018, 673-690, 10.1093/jcr/ucy008.

10 New York Times Article Written by Adam Grant. Productivity Isn't About Time Management. It's About Attention Management. March 28, 2019.

11 Masicampo, E. J., & Baumeister, R. F. (2011, June 20). Consider It Done! Plan Making Can Eliminate the Cognitive Effects of Unfulfilled Goals. Journal of Personality and Social Psychology. Advance online publication. 10.1037/a0024192.

12 Abbie J. Shipp (2021) My Fixation on Time Management Almost Broke Me. Harvard Business Review.

13 Katzir, Maayan & Emanuel, Aviv & Liberman, Nira. (2020). Cognitive performance is enhanced if one knows when the task will end. Cognition. 10.1016/j.cognition.2020.104189.

CHAPTER 2

1 Liu, Ou Lydia & Rijmen, Frank & MacCann, Carolyn & Roberts, Richard. (2009). The assessment of time management in middleschool students. Personality and Individual Differences. 47. 174-179. 10.1016/j.paid.2009.02.018. Claessens, Brigitte & Eerde, Wendelien & Rutte, Christel & Roe, Robert. (2004). Planning behavior and perceived control of time at work. Journal of Organizational Behavior. 25. 937-950. 10.1002/job.292.

2 Aeon, B., & Aguinis, H. (2017). It's about Time: New Perspectives and Insights on Time Management. Academy of Management Perspectives, 31, 309-330. 10.5465/amp.2016.0166.

3 Kaufman-Scarborough, Carol & Lindquist, Jay. (1999). Time Man-

agement and Polychronicity: Comparisons, Contrasts, and Insights for the Workplace. Journal of Managerial Psychology. 14. 288-312. 10.1108/02683949910263819.

4   Rothbard, N. P., & Ollier-Malaterre, A. (2016). Boundary management. In T. D. Allen & L. T. Eby (Eds.), The Oxford handbook of work and family (109-122). Oxford University Press.

5   DeVoe, S. E., & Pfeffer, J. (2011). Time is tight: How higher economic value of time increases feelings of time pressure. Journal of Applied Psychology, 96(4), 665-676. 10.1037/a0022148.

6   Burt, Christopher & Weststrate, Alexandra & Brown, Caroline. (2010). Development of the time management environment (TiME) scale. Journal of Managerial Psychology. 25. 649-668. 10.1108/02683941011056978.

7   Currey, M. (2013). Daily rituals: How artists work. ISBN9780274803392

8   Doya, K., Ishii, S., Pouget, A., & Rao, R. P. N. (Eds.). (2007). Bayesian brain: Probabilistic approaches to neural coding. MIT Press.

9   Kording KP. Bayesian statistics: relevant for the brain? Curr Opin Neurobiol. 2014;25:130-133. 10.1016/j.conb.2014.01.003.

10 Joshua I. Sanders, Balázs Hangya and Adam Kepecs. Signatures of a Statistical Computation in the Human Sense of Confidence. Neuron, May 2016. 10.1016/j.neuron.2016.03.025.

11 sites.google.com/site/summerfieldlab/teaching/ybas.

12 Masicampo, E. J., & Baumeister, R. F. (2011, June 20). Consider It Done! Plan Making Can Eliminate the Cognitive Effects of Unfulfilled Goals. Journal of Personality and Social Psychology. Advance online publication. 10.1037/a0024192.

13 Matlin, Margaret W. (2004). "Pollyanna Principle". In Rüdiger, F. Pohl (ed.). Cognitive Illusions: A Handbook on Fallacies and Biases in Thinking. Taylor & Francis. p. 260. ISBN9781135844950. Retrieved 2014-12-14.

14 하이디 그랜트 할버슨 지음, 전해자 옮김, 《작심삼일과 인연 끊기(9 Things Successful People Do Differently)》 에이지21, 2017.

15 Halvorson, H. G. (2014) Get your team to do what it says it's going to do, Harvard Business Review, May 2014, 83-87.Thürmer, J. L., Wieber, F., & Gollwitzer, P. M. (2015). Planning high performance: Can groups and teams benefit from implementation intentions? In M. D. Mumford & M.

Frese (Eds.), The psychology of planning in organizations: Research and applications. New York, NY: Routledge.

16 Dalton, Amy & Spiller, Stephen. (2012). Too Much of a Good Thing: The Benefits of Implementation Intentions Depend on the Number of Goals. Journal of Consumer Research. 39. 10.1086/664500.

17 Sheeran, Paschal & Webb, Thomas & Gollwitzer, Peter. (2005). The Interplay Between Goal Intentions and Implementation Intentions. Personality & social psychology bulletin. 31. 87–98. 10.1177/0146167204271308.

CHAPTER 3

1 Adelman, Robert & Herrmann, Sarah & Bodford, Jessica & Barbour, Joseph & Graudejus, Oliver & Okusn, Morris & Kwan, Virginia.(2016). Feeling Closer to the Future Self and Doing Better: Temporal Psychological Mechanisms Underlying Academic Performance. Journal of Personality. 85. n/a-n/a. 10.1111/jopy.12248.

2 Ersner-Hershfield H, Garton MT, Ballard K, Samanez-Larkin GR, Knutson B. Don't stop thinking about tomorrow: Individual differences in future self-continuity account for saving. Judgm Decis Mak. 2009;4(4):280–286.

3 Ersner-Hershfield, H., Wimmer, G.E., & Knutson, B. (2009). Neural evidence for self-continuity in temporal discounting. Social Cognitive and Affective Neuroscience, 4(1), 85–92.

4 Strathman, Alan & Gleicher, Faith & Boninger, David & Edwards, Scott. (1994). The Consideration of Future Consequences:Weighing Immediate and Distant Outcomes of Behavior. Journal of Personality and Social Psychology. 66. 742–752. 10.1037/0022-3514.66.4.742.

5 James Martin. (1991). Rapid application development. ISBN9780023 767753

6 Marc Zao-Sanders. How Timeboxing Works and Why It Will Make You More Productive December 12, 2018, Harvard Business Review.

7 Kruger, J., & Evans, M. (2004). If you don't want to be late, enumerate: Unpacking reduces the planning fallacy. Journal of Experimental Social Psychology, 40(5), 586–598. 10.1016/j.jesp.2003.11.001.

8 Sanna LJ, Schwarz N. Integrating temporal biases: the interplay of focal thoughts and accessibility experiences. Psychol Sci. 2004 Jul;15(7):474–

81. 10.1111/j.0956-7976.2004.00704.x. PMID: 15200632.

9 Blouin-Hudon, E.-M. C., & Pychyl, T. A. (2017). A mental imagery inter-vention to increase future self-continuity and reduce procrastination. Applied Psychology: An International Review, 66(2), 326-352. 10.1111/apps.12088.

10 Chishima, Y., & Wilson, A. E. (2020). Conversation with a future self: A let-ter-exchange exercise enhances student self-continuity, career planning, and academic thinking. Self and Identity. Advance online publication. 10.1080/15298868.2020.1754283.

11 사세 류이치(佐瀬竜一), 「ロールレタリングを用いた大学生を対象にしたキャリア教育の試み(롤 레터링을 이용한 대학생을 대상으로 한 캐리어 교육의 시도)」『常葉大学教育学部紀要(토키바 대학 교육학부 기요)』36、201-212、2016년

12 Lewis NA Jr, Oyserman D. When does the future begin? Time met-rics matter, connecting present and future selves. Psychol Sci.2015 Jun;26(6):816-25. 10.1177/0956797615572231. Epub 2015 Apr 23. PMID: 25907059.

13 R. Kivetz and A. Keinan, "Repenting Hyperopia: An Analysis of Self-Con-trol Regrets," Journal of Consumer Research, vol. 33, no. 2, 273-282, Sep. 2006.

14 R. Kivetz, R. Meng, and D. He, "Hyperopia: A theory of reverse self-con-trol," in Routledge International Handbook of Self-Control in Health and Well-Being, D. de Ridder, M. Adriaanse, and K. Fujita, Eds. 2017.

15 R. Kivetz and I. Simonson, "Self-Control for the Righteous: Toward a The-ory of Precommitment to Indulgence," Journal of Consumer Research, vol. 29, no. 2, 199-217, Sep. 2002.

16 A. Keinan and R. Kivetz, "Remedying hyperopia: The effects of self-con-trol regret on consumer behavior," Journal of Marketing Research, vol. 45, no. 6, 676-689, 2008.

17 R. Mehta, R. J. Zhu, and J. Meyers-Levy, "When does a higher construal level increase or decrease indulgence? Resolving the myopia versus hy-peropia puzzle," Journal of Consumer Research, vol. 41, no. 2, 475-488, Jan. 2014.

18 Kivetz R, Zheng Y. Determinants of justification and self-control. J Exp Psychol Gen. 2006 Nov;135(4):572-87. 10.1037/0096-3445.135.4.572. PMID: 17087574.

19 Julian Birkinshaw, Jonas Ridderstråle (2017). Fast/Forward: Make Your Company Fit for the Future. Marketing Flyer.

20 Julian Birkinshaw, Jordan Cohen. Make Time for the Work That Matters (September 2013). Harvard Business Review.

21 Vogel, R. M., Rodell, J. B., & Agolli, A. (2021). Daily engagement and productivity: The importance of the speed of engagement. Journal of Applied Psychology. Advance online publication. doi.org/10.1037/apl0000958.

22 Doerflinger, J. T., Martiny-Huenger, T., & Gollwitzer, P. M. (2017). Planning to deliberate thoroughly: If-then planned deliberation increases the adjustment of decisions to newly available information. Journal of Experimental Social Psychology, 69, 1-12. 10.1016/j.jesp.2016.10.006.

23 R. Mehta, R. J. Zhu, and J. Meyers-Levy, "When does a higher construal level increase or decrease indulgence? Resolving the myopia versus hyperopia puzzle," Journal of Consumer Research, vol. 41, no. 2, 475-488, Jan. 2014.

CHAPTER 4

1 D'Argembeau, A., & Van der Linden, M. (2011). Influence of facial expression on memory for facial identity: Effects of visual features or emotional meaning? Emotion, 11(1), 199-202. 10.1037/a0022592.

2 Hassabis D, Kumaran D, Vann SD, Maguire EA. Patients with hippocampal amnesia cannot imagine new experiences. Proc Natl Acad Sci USA. 2007;104(5):1726-1731. 10.1073/pnas. 0610561104

3 Whitman Richards,Time reproductions by H.M.,Acta Psychologica,Volume 37, Issue 4,1973, Pages 279-282, ISSN 0001-6918, 10.1016/0001-6918(73)90020-6.(www.sciencedirect.com/science/article/pii/0001691873900206)

4 Hassabis D, Maguire EA. The construction system of the brain. Philos Trans R Soc Lond B Biol Sci. 2009;364(1521):1263-1271.10.1098/rstb.2008.0296.

5 Ryota MATSUI, An empirical study on planning fallacy, Transactions of the Academic Association for Organizational Science, 2017,
Volume 6, Issue 1, Pages 50-55, Released on J-STAGE August 18, 2017, Online ISSN 2186-8530, 10.11207/taaos.6.1_50, www.jstage.jst.go.jp/arti-

cle/taaos/6/1/6_50/_article/-char/en.

6 Schwarz, N., Bless, H., Strack, F., Klumpp, G., Rittenauer-Schatka, H., & Simons, A. (1991). Ease of retrieval as information: Another look at the availability heuristic. Journal of Personality and Social Psychology, 61(2), 195-202. 10.1037/0022-3514.61.2.195.

7 Tversky, A., & Kahneman, D. (1982). Judgment under uncertainty: Heuristics and biases. In D. Kahneman, P. Slovic & A. Tversky(Eds.), Judgment under Uncertainty: Heuristics and Biases (pp.3-20). Cambridge: Cambridge University Press. 10.1017/CBO9780511809477.002.

8 Lorko, Matej & Servátka, Maroš & Zhang, Le. (2020). Improving the Accuracy of Project Schedules. Production and Operations Management. 30. 10.1111/poms.13299.

9 Baumeister, R. F., & Tierney, J. (2011). Willpower: Rediscovering the Greatest Human Strength. London: Penguin Books. 314-315. ISBN9781594203077

10 Mehr, Katie & Geiser, Amanda & Milkman, Katherine & Duckworth, Angela. (2020). Copy-Paste Prompts: A New Nudge to Promote Goal Achievement. Journal of the Association for Consumer Research. 5. 10.1086/708880.

11 Ross,L. D., Amabile, T. M., & Steinmetz , J. L. (1977). Social roles, social control, and biases in social-perception processes. Journal of Personality and Social Psychology, 35, 485-494.

12 Fischhoff, B., & Beyth, R. (1975). "I knew it would happen": Remembered probabilities of once-future things. Organizational Behavior and Human Performance, 13, 1-16.

13 Everett, Brendan & Celniker, Jared & Jackson, Le'Quan & Lau, Cindy & Robinson, Martha & Kawai, Sarah & Yoshiura, Reyn & Gilbert, Kiernan & Aston, Esme & Butterfield, Chris & Jacobsmeyer, Anthony & Miller, Ted & Sumida, Ken & Zimbardo, Phil & Slavich, George & Pressman, Sarah & Kuchenbecker, Shari Young. (2015). Empathy, Time Perspective - Past Positive and Future: Our Well-Being Together.

14 Metcalfe, J., & Mischel, W. (1999). A hot/cool-system analysis of delay of gratification: Dynamics of willpower. Psychological Review, 106(1), 3-19. 10.1037/0033-295X.106.1.3.

15 Peper, Erik & Harvey, Richard & Lin, I-Mei & Duvvuri, Padma. (2014). In-

crease Productivity, Decrease Procrastination and Increase Energy. Bio-feedback. 42. 82-87. 10.5298/1081-5937-42.2.06.

16 Amabile, T., & Kramer, S. (2011). The progress principle: Using small wins to ignite joy, engagement, and creativity at work. Boston, MA: Harvard Business Review Press.

17 Jose, P. E., Lim, B. T., & Bryant, F. B. (2012). Does savoring increase happiness? A daily diary study. The Journal of Positive Psychology, 7(3), 176-187. 10.1080/17439760.2012.671345.

18 Barsade, Sigal. (2002). The Ripple Effect: Emotional Contagion and Its Influence on Group Behavior. Administrative Science Quarterly. 47. 644-675. 10.2307/3094912.

19 Eskreis-Winkler L, Fishbach A, Duckworth AL. Dear Abby: Should I Give Advice or Receive It? Psychol Sci. 2018 Nov;29 (11):1797-1806. 10.1177/0956797618795472. Epub 2018 Oct 3. PMID: 30281402; PMCID: PMC6728546.

20 Gregory Lopez (Dec 24, 2019) Want to form some new daily habits? We ran a massive study to explore which techniques work best.
www.clearerthinking.org

CHAPTER 5

1 セイコー時間白書2020(세이코시간백서2020) www.seiko.co.jp/timewhitepaper/2020/.

2 구로다 쇼코(黒田祥子),「日本人の余暇時間―長期的な視点から(일본인의 여가 시간-장기적인 관점에서)」『日本労働研究雑誌(일본노동연구잡지)』 2012년 8월호(No. 625)

3 総務省統計局社会生活基本調査トピックス-国民のライフスタイル(총무성 통계국 사회생활기본조사 토픽스 국민의 라이프스타일) www.stat.go.jp/data/shakai/1996/3-4.html.

4 Robinson, J. P., & Godbey, G. (1997). Time for life: The surprising ways Americans use their time. ISBN9780271016528

5 Brigid Schulte. (2014). Overwhelmed : work, love, and play when no one has the time. ISBN9781443410182

6 Luthar, Suniya & Kumar, Nina. (2018). Youth in High-Achieving Schools: Challenges to Mental Health and Directions for Evidence-Based Interventions.

7   Global Benefits Attitudes Survey (2013/14). © 2014 Towers Watson. All rights reserved. towerswatson.com.

8   Tony Crabbe (2015) Busy: How to Thrive in a World of Too Much. ISBN9780349400754

9   Employee Engagement Is Higher For Low Performers In 42% Of Companies. www.leadershipiq.com/blogs/leadershipiq/35354881-employee-engagement-shocker-low-performers-may-be-more-engaged-than-high-performers.

10 프레데릭 테일러(Frederick Winslow Taylor) (2009)『新訳科学的管理法(신역 과학적 관리법)』有賀裕子訳、다이아몬드사 ISBN9784478009833

11 Walter Kerr (2018) The Decline of Pleasure (Classic Reprint). ISBN9780243298440

12 Ishida, R., & Okada, M. (2011). Factors influencing the development of "purpose in life" and its relationship to coping with mental stress. Psychology, 2(1), 29-34. 10.4236/psych.2011.21005.

13 Hui, V. K., & Fung, H. H. (2009). Mortality anxiety as a function of intrinsic religiosity and perceived purpose in life. Death Studies, 33, 30-50.

14 Hilbert, Martin & López, Priscila. (2011). The World's Technological Capacity to Store, Communicate, and Compute Information. Science (New York, N.Y.). 332. 60-5. 10.1126/science.1200970.

15 Levitin, D. J. (2014). The organized mind: Thinking straight in the age of information overload. ISBN9780525954187

16 R. K. Sitaraman, "Network performance: Does it really matter to users and by how much?," 2013 Fifth International Conference on Communication Systems and Networks (COMSNETS), 2013, 1-10, 10.1109/COMSNETS.2013.6465563.

17 Mark, Gloria & Iqbal, Shamsi & Czerwinski, Mary & Johns, Paul & Sano, Akane. (2016). Neurotics Can't Focus: An in situ Study of Online Multitasking in the Workplace. 1739-1744. 10.1145/2858036.2858202.

18 Lorenz-Spreen, P., Mønsted, B.M., Hövel, P. et al. Accelerating dynamics of collective attention. Nat Commun 10, 1759 (2019). 10.1038/s41467-019-09311-w.

19 Djikic, Maja & Oatley, Keith & Moldoveanu, Mihnea. (2013). Opening the Closed Mind: The Effect of Exposure to Literature on the Need for Closure. Creativity Research Journal. 25. 149-154.

10.1080/10400419.2013.783735.

20 O'Bryan EM, Beadel JR, McLeish AC, Teachman BA. Assessment of intolerance of uncertainty: Validation of a modified anagram task. J Behav Ther Exp Psychiatry. 2021 Dec;73:101671. 10.1016/j.jbtep.2021.101671. Epub 2021 Jun 23. PMID: 34182343.

21 Mogilner C, Chance Z, Norton MI. Giving time gives you time. Psychol Sci. 2012 Oct 1;23(10):1233-8. 10.1177/0956797612442551. Epub 2012 Sep 12. PMID: 22972905.

CHAPTER 6

1 James Suzman. (2017) Affluence Without Abundance: The Disappearing World of the Bushmen. ISBN9781632865724

2 Avnet, Tamar & Sellier, Anne-Laure. (2014). So What If the Clock Strikes? Scheduling Style, Control, and Well-Being. Journal of Personality and Social Psychology. 107. 10.1037/a0038051.

3 Jennifer L. Roberts (2014) Transporting Visions. The Movement of Images in Early America. ISBN9780520251847

4 Robert V. Levine (2008) A Geography Of Time: On Tempo, Culture, And The Pace Of Life. ISBN9780465026425

5 Sellier AL, Avnet T. So what if the clock strikes? Scheduling style, control, and well-being. J Pers Soc Psychol. 2014 Nov;107(5):791-808. 10.1037/a0038051. PMID: 25347127.

Original Japanese title: YOUR TIME: 4063 NO KAGAKU DATA DE
MICHIBIKIDASHITA, ANATA NO
JINSEI WO KAERU SAIGO NO JIKANJUTSU
Copyright © 2022 Yu Suzuki
Original Japanese edition published by KAWADE SHOBO SHINSHA Ltd. Publishers
Korean translation rights arranged with KAWADE SHOBO SHINSHA Ltd. Publishers
through The English Agency (Japan) Ltd. and Danny Hong Agency

당신이 너무 바쁘다는 착각

초판 발행 · 2024년 7월 17일

지은이 · 스즈키 유
발행인 · 이종원
발행처 · (주) 도서출판 길벗
출판사 등록일 · 1990년 12월 24일
주소 · 서울시 마포구 월드컵로 10길 56(서교동)
대표전화 · 02)332-0931 | **팩스 ·** 02)323-0586
홈페이지 · www.gilbut.co.kr | **이메일 ·** gilbut@gilbut.co.kr

편집 팀장 · 민보람 | **기획 및 책임편집 ·** 방혜수(hyesu@gilbut.co.kr) | **제작 ·** 이준호, 손일순
마케팅 · 정경원, 김진영, 류효정 | **유통혁신 ·** 한준희 | **영업관리 ·** 김명자 | **독자지원 ·** 윤정아

디자인 · 말리북 | **교정교열** 박수영, 한진영
CTP 출력 · 인쇄 · 교보 피앤비 | **제본 · 경문제책**

ISBN 979-11-407-0957-1(03320)
(길벗 도서번호 020241)

정가 17,000원

독자의 1초까지 아껴주는 길벗출판사
(주)도서출판 길벗 | IT교육서, IT단행본, 경제경영서, 어학&실용서, 인문교양서, 자녀교육서 www.gilbut.co.kr
길벗스쿨 | 국어학습, 수학학습, 어린이교양, 주니어 어학학습, 학습단행본 www.gilbutschool.co.kr